元宇宙

数字时代的未来治理

蔡恒进 耿嘉伟 蔡天琪◎著

METAVERSE

THE GOVERNANCE IN THE DIGITAL ERA

人民出版社

序言　探索元宇宙与数字世界治理框架的有益尝试

今天，我们的一只脚已经踏入了以元宇宙为标志的数字新时代。

但是，我们现在探讨 NFT 与元宇宙，更多的是在关注视觉领域，接下来的重点可能是触觉，随后各个学科都会介入，届时将以 AR、VR、MR 等技术为基础，以一些集成性的应用为"窗口"，将人们的数字生活引入到一个全新的状态。

深入地讲，NFT 和元宇宙就是构建人类数字命运共同体：元宇宙作为数字经济的抓手可以很好地服务于国家的数字经济战略；基于钱学森大成智慧的"灵境"元宇宙有助于形成中国话语权；数字场景的爆炸和极大丰富将促进数字要素的真正形成，为中华民族的伟大复兴带来世界范围内的普遍意义，进而共创更加美好的人类数字世界。

人类不是单独的个体，而总是以各种身份存在于各种不同规模的组织之中。大到国家，小到家庭，各种组织天然地需要治理，未来延伸到数字世界的人类组织也自然都会面临治理问题。

数字世界具有和现实世界相似的地方，也有和现实世界不同的特性。数据是数字世界实现的基础，它保证了数字世界的精确和高速，但易复制、难估价等特性，成为现在束缚数字世界进一步发展的桎梏。如果不能解决这些问题，数字世界的治理和元宇宙的成熟也无异于空中楼阁。

蔡恒进教授团队的这本书，以治理问题为切入点，探讨了数字时代的治理难题与应对方式。

当前时代，我们面临着"世界百年未有之大变局"，作为人类社会的产物，元宇宙社会的治理也面临着四个方面的问题：财富的两极分化；交互与信息传播的治理；构建可持续的健康生态；塑造健康的元宇宙伦理。

未来数字世界要兼容多样性（个性化）与去中心化，这是数字世界发展的必然方向，也是元宇宙未来发展需要达到的目标。而达成这两点目的的元宇宙，将开启人类未来时代的新纪元。

这本书是一本应时力作。在书中可以看到很多富有启发性的概念，体现出蔡恒进教授对元宇宙乃至人类发展的深邃思考和敏锐洞察。

在这本书中，作者站在历史发展的角度，描绘了智慧生物意识从产生到完善的历程，并从意识的独特性出发，给出了元宇宙应有的价值和未来发展的方向，对未来数字世界的治理框架进行了有益的尝试。

要想知道作者在元宇宙即将爆发性发展的背景下，对人类命运进行了怎样的思考，并感受其智慧的闪光，这本书很值得一读。

倪健中

中国移动通信联合会执行会长

元宇宙产业委员会共同主席

目　录

引　子

　　治理问题是管理者持续关注、涉及全社会福祉的难题。社会形态、经济条件、地域环境、文化背景、人员组成等等，有太多因素与治理问题相关，各种复杂的治理问题也没有统一的解答。人，可谓是治理问题中最复杂和不确定的因素。无论是因群体数量庞大带来的不确定性，还是个体自身意识的不稳定性，都导致人类社会的治理面临无尽的困难。但即使治理难题一直存在，我们依然要迎难而上，因为这关系着公共利益最大化如何实现，特别在当前"百年未有之大变局"更有着重要的现实意义。

　　元宇宙（Metaverse）一词源于1992年的科幻小说《雪崩》[①]（*Snow Crash*）。小说描绘了一个庞大的虚拟现实世界，人们用数字化身来控制并相互竞争，以提高自身地位。我们可以将元宇宙看作是人类利用科技进行链接与创造的、与现实世界映射交互的虚拟世界，具备新型社会体系的数字生活空间。

---

① 　Neal Stephenson, *Snow Crash*. Bantam Spectra, 1992.

目前，业界对于元宇宙在治理上的影响分析往往集中在技术带来的改变上，在承认虚拟化、去中心化的同时，也生出了关于监管、伦理等方面的诸多疑问。比如中金公司就曾在报告中提出了四个疑问：技术水平不足和技术霸权的问题如何解决？虚拟身份带来的认知割裂和伦理影响如何解决？资产泡沫和治理风险如何规避？去中心化和中心化之间的平衡如何把握？①

我们认为，目前的分析明显过于重视技术的决定因素。历史早已证明，技术发展和社会发展并不同步。从技术发明到社会应用往往存在时间差。因此，从技术发展的角度来推断社会未来的变化，无异于纸上谈兵。社会发展的主体是人，技术发展归根到底是人自身意识活动的反映。因此，元宇宙的落地虽然来自技术的进步，但元宇宙未来发展的预测不能仅仅从技术角度出发。正如马克思颠倒了黑格尔的辩证法才有了历史唯物主义，我们也要将技术中心论的方法颠倒过来，从社会发展的脉络入手，来分析元宇宙的应然和必然，最终推论出我们究竟需要什么样的技术才能发展我们的元宇宙。

元宇宙并不能把人从现实世界导入数字世界，意识也不能精准完整地上传到元宇宙，但元宇宙将作为人类世界的"延伸"，将为人类开辟全新的发展空间。"我"依然生活在真实的物理世界，"我"又可以在元宇宙中延伸自己的意识，通过这类延伸侧重基于代入感的

---

① 中金公司：《元宇宙：空间升维、时间延展、社会重构》，2022 年 5 月 5 日。

场景，让人更自由地交互。

随着人类意识向元宇宙的不断迁移，人类将不得不直面元宇宙中涌现的治理难题。尽管我们更希望只将美好的一面带进元宇宙，但由人类本质属性即自我肯定需求引起的治理问题，也可能进入元宇宙中，或与现实世界的治理问题相似，或呈现出新的问题形态。

财富两极分化是元宇宙要面对的第一个治理难题。现实世界的贫富差距并不能在当前的区块链世界中直接调和。区块链和加密数字货币等技术是元宇宙的相关底层技术，随之诞生的比特币可以看作是对金融资本主义的一种反抗。然而，当前加密数字货币的发展似乎走向了自反的结局，逐渐被金融资本当作载体，成为新金融资本主义的代表。如果元宇宙中两极分化无法得到缓解，那么底层的脆弱将引发上层的崩溃，元宇宙也难以存续。

第二个治理难题是对不实信息传播的治理。在互联网时代，有研究显示谣言的传播速度是真实新闻的 4 倍，更容易通过煽动大众来快速传播，假如在元宇宙中没有合适的机制进行应对，真实的、有价值的信息难以出头，不实信息就容易产生迅速而广泛的负面影响，节点之间的交互生态就很难健康发展。

第三个治理难题是构建健康生态的问题。要承载人类文明的下一阶段，元宇宙需要建构可持续的健康生态，其中就依赖于高效、积极、可持续的共识与协作机制，区块链主流的共识机制，要么牺牲能源依赖算力，要么依靠财富快速积累而公平存疑，都难以支撑面向可持续未来的元宇宙。

　　第四个治理难题是新场景中伦理道德面临的新挑战。现实世界中，人们不仅受物理环境限制，还有法律法规约束，而在元宇宙中，个人可以隐藏实际身份，我们甚至无法得知协作者是人还是机器，加上数字世界也没有绝对的时空秩序，利用既定规则刷单套利更加便利，如何构建元宇宙伦理准则，为元宇宙文明环境埋下善的基因，也是需要慎重对待的问题。

　　治理问题随着人类社会变迁而变化。我们相信在正确理解人性本质和人类文明的基础上，利用前沿技术手段，可以为元宇宙的治理难题提供解决方案。我们认为，Web3.0 和元宇宙的结合将可能是一个很好的方向。研究机构 Messari 的研究员江下 (Eshita)把三代网络技术描述为：Web 1.0 为"可读"(read)，Web 2.0 为"可读 + 可写"(read+write)，Web 3.0 则是"可读 + 可写 + 拥有"(read+write+own)。Web 3.0 将以用户为中心，让用户自主管理身份，赋予用户真正的数据自主权，打破中心化平台对数据的天然垄断，提升用户面对算法的自主权，并建立起全新的信任与协作关系，成为安全可信的价值互联网，可以重构全球经济体系，实现全球一体化经济。当然，Web3.0 本身存在一定的风险，如去中心化监管风险 (Oversight Without Centralized Authority)、隐私和安全风险 (Privacy and Security)、能源消耗问题 (Energy Consumption)、治理问题 (Governance) 等。正因如此，我们引入了基于一定信任构建区块链系统，基于哈希交互的 Web 3.0 机制，能够在现有 Web 2.0 基础上进行低成本、低代码、简洁有效的技术升级，让 Web3 的研发落地时间缩短5—10年，实现具有隐私保护、数据权清晰可溯、安全高效、环境友好、监管友好、灵活可扩展、简单易实施的Web3机制。

元宇宙是人类意识的延伸，机器和虚拟世界也是人类意识与智慧的凝聚，因此元宇宙的治理问题依然要从人性本质——自我肯定需求出发。针对财富两极分化，我们主张设计实施财富流向底层的机制，为整个元宇宙系统提供活力。针对造谣传谣的问题，我们提出采用数字凭证技术，激励诚实者和积极贡献者，惩罚造谣者和盲目跟风者。针对构建和维护系统生态，我们重视对未来的洞见力，在专业领域认知能力更高的人机节点权重更高，人机共同协作共识。针对元宇宙的伦理问题，我们倡导利用区块链的存证技术，可以进行事后赏罚和正向激励，鼓励大家对自己在元宇宙中的行为负责。

—— 第一章 ——

从单细胞到元宇宙

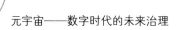

人工智能与区块链作为元宇宙的重要支撑技术，未来将为人与人、人与机器、机器与机器的交互与协作提供全新的可能性。我们从生命起源开始，从意识和认知主体的角度切入，揭秘个体与元宇宙的关系。

宇宙可对应为物质世界，而元宇宙可以被理解为柏拉图的"理念世界"，也可以理解为钱学森笔下的"灵境"，代表了人类意识世界的对象化，是一种在近地空间上进化出来的"超级大脑"。这个超级大脑在数字世界建构时空秩序，除了自娱自乐，更要统摄周围的物理世界。

元宇宙作为人类的"延伸"，将为人类开辟全新的发展空间。以前文章诗词、音乐艺术等方式是人类社会的延伸，这种延伸比较有限，人类建立共识比较松散。而在元宇宙里，人类的延伸将变得更加有机、更有秩序，而且让人类对世界的统摄可以更有利、更有效。只不过，在元宇宙中进行延伸，我们要将重点放在扩宽人的"自我"与意识世界上来，而不是我们自身物理意义上的延展。

一、生命简史

要理解目前元宇宙在人类历史上的地位，我们要回到更早期开始梳理。下图标示了地球生命史上的重要节点，来源是舒德干院士团队在 *Nature* 上发表的一系列文章。在文章中，舒院士团队试图填补从生命最早期的原始生命发展到人的各种里程碑事件。

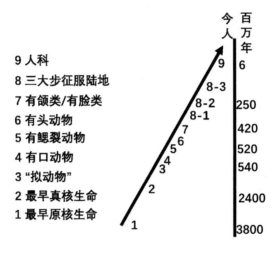

图 1-1　舒德干团队总结的人类发展九大创新里程碑

舒德干团队强调动物的首创口，物质从前口进来，后口出去，这是一个很重要的进展。当然后面还有脊椎，然后到神经，到大脑的进化，甚至复杂的语言、直立行走都是很重要的进展。

我们尝试把这些里程碑画在一张简单的图上。图横轴右边是现在，向左是时间逐渐往前倒推。最早的节点是距今大概 38 亿年以前的生命诞生。横轴时间是指数坐标，这些事件间隔看起来几乎是等分的，也就意味着越往后，里程碑事件出现的时间间隔越短，而越早期要出现一个里程碑的时间越长。如果我们把横轴换成线性坐标，

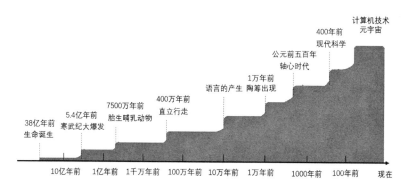

图 1-2　人类意识与智能发展里程碑

纵轴为指数坐标，那么指数增长是非常快的。

　　这张进化的图与我们要讨论的元宇宙之间最重要的关系就是定域性（locality）。最早引起我们关注的是在 2017 年乔姆斯基（Noam Chomsky）的一篇文章[①]，他梳理了从笛卡尔、牛顿到爱因斯坦在探究人类的智能起源道路上遭遇到种种定域性相关的困境：笛卡尔试图证明伽利略提出的"世界是一台按照机械原理运行的机器"，但发现机器无法掌握人类应用语言的能力；牛顿发现了超越机械哲学界限的物质属性，即万有引力定律，证明了笛卡尔二元结构中的广延实体并不成立，但囿于定域性问题，最终只得归因于上帝；爱因斯坦提出广义相对论解决了牛顿的非定域性问题，但无法解释量子纠缠的现象。

①　Noam Chomsky. *Science, Mind, and the Limits of Understanding, Collected in Space, time and the limits of human understanding*. Shyam Wuppuluri Giancarlo Ghirardi Editors, Springer International Publishing AG, 2017.

在乔姆斯基看来，这些学术大牛们在定域性的问题上一直受到困扰。这里面比较有意思的是物理世界存在的断裂。从伽利略到爱因斯坦建构的经典世界是一个四维的时空，也就是说，在经典物理世界里面，我们所有的事件都有时空定域性，因果关系是清晰的。

但是假如我们回到历史的现场，就会发现一些微妙的地方。伽利略的想法其实是反叛了亚里士多德的观念，前者主张我们必须把世界看成一台严谨的机器，其中的起承转合应该是有接触性的，不能是无中生有、突如其来的。而且，伽利略认为这个世界应该是完美的，而完美的运动是圆周运动。正是因此，他错过了惯性定律和万有引力定律这两个最重要的发现。而牛顿恰恰是因为没有严格遵循伽利略开创的这条路，而是接受了力可以是超距的相互作用，所以他得以总结出牛顿三大定律。再加上万有引力定律，就构建了经典力学世界。后来再加上爱因斯坦的狭义相对论和广义相对论，这个力学大厦就彻底地完整了。超距相互作用，就把从伽利略的视角看起来不完美的地方给补上了。比如所有的东西都通过场、通过空间时间的弯曲来传递引力。电磁学本身就满足麦克斯韦方程，本身就满足时空定域的要求。

爱因斯坦后来发现了量子现象，在量子世界，时空定域被破坏了。特别是在讨论两个全同粒子有量子相干、有量子纠缠的时候，一定是时空非定域的，这就是量子世界的特点。另一方面，意识世界也是超越经典世界，超越定域性的，因为意识世界的产物也是同样不受定域性限制的。

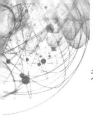
我们经过二十年的思考，发现意识世界的起源其实是和生命的起源同时的。因为没有意识，生命也无从谈起。习近平总书记呼吁我们要探讨生命的起源和意识的本质①。这两个问题实际上是一个问题。

我们将"原意识"定义为：对"自我"的直观、对"外界"的直观，以及将宇宙剖分成"自我"与"外界"的这一简单模型的直观。

触觉大脑假说是指，在大脑快速发育的阶段，神经元快速连接的同时，受到来自皮肤的强刺激，比如冷暖、疼痛等。使得婴儿产生区分自我和来自外界的意识，我们称之为原意识。这不单是从个人发展意义上，更要从进化意义上来讲这件事情。对个体生命而言，可能出现触觉感觉受损，需要通过其他方式才能建构自我的情况，这是完全可能的。而在生命进化过程中，一般是先有触觉。这种触觉，表现为个体和外界的边界感。这种边界是有结构性的、有感知能力的。这和马尔科夫毯的表达是不一样的。马尔科夫毯认为复杂系统要有相互连接，有些地方会空白，空白的地方叫作马尔科夫毯，而这

---

① 习近平总书记 2021 年 5 月 28 日在中国科学院第二十次院士大会、中国工程院第十五次院士大会、中国科协第十次全国代表大会上的讲话中指出："加强基础研究是科技自立自强的必然要求，是我们从未知到已知、从不确定性到确定性的必然选择。要加快制定基础研究十年行动方案。基础研究要勇于探索、突出原创，推进对宇宙演化、意识本质、物质结构、生命起源等的探索和发现，拓展认识自然的边界，开辟新的认知疆域。基础研究更要应用牵引、突破瓶颈，从经济社会发展和国家安全面临的实际问题中凝练科学问题，弄通'卡脖子'技术的基础理论和技术原理。"

种"毯子"没有认知功能性，但是我们推到单细胞那里，细胞膜是有认知功能的。

　　但至少这两千多年，大家一直在讨论这个问题，为什么鲜少发现皮肤、边界的重要性？比如佛家讲"眼耳鼻舌身"，将视觉放在首位，很多人也认同这个观点，因为人获取的信息大部分来自眼睛。但从进化角度来看，视觉对于自我意识形成的重要性能否占据首要地位却还值得商榷。比如老鹰，视力很强，但是却没有进化出高级智能。我们认为皮肤才是更重要的，那么此前之所以不容易反思到，是因为"自我"的边界可能起源于此，但并没有停留在皮肤这里，自我有延伸的倾向，向外延伸，向内坎陷化。向外延伸，比如一个原始人，看到一个果子，就会认为果子是我的，甚至认为果树是我的，再有甚者可能认为这棵树到了明年也是我的。比如，动物也有领地意识，这就是"我"的意识延伸到体外。企业家的自我，就延伸到企业。哲学家就会延伸到宇宙，至大无外。另一方面，"我"不是决定于我的颜值、年龄，而是决定于我的心灵，至小无内。所以如果希望死后我还在，那么就会希望有灵魂。当然，我是和我的身体有关，和身体的边界更相关。

　　那么，在基因突变、毛发变少的前提下，还要能够生存下来，这种条件可能是很苛刻的，很多有可能在基因突破后就断掉了。就是因为自我和外界的清晰剖分，所以自我意识才能够清晰地建立起来，才会有了更高级的智能，有了更多的反思。

　　触觉的重要性在个人成长过程中可能并不十分凸显，但对于人

图 1-3 触觉大脑假说示意图

类进化而言，触觉形成自我的观点能够得到更好的印证。人类与其他动物最大的区别就是人类拥有十分敏感的皮肤。人类进化脱去了身体绝大部分毛发，对外界的刺激更加敏感，成为大自然中唯一需要衣物保暖的生物。触觉上的能强烈区分自我与外界的刺激很可能就是导致人类成为万物之灵的重要原因，触觉也因此在进化的过程中显得更加重要，其对于意识的形成也就更为重要。

人类一旦产生"自我"的概念，就能够明显分辨出自我跟外界的差别。这种意识一旦产生就难以抹去，被称之为原意识。原意识一旦产生，并不停留在皮肤层面，可以向外延伸，也可以向里收缩。如一个原始人，拿到一个水果，肯定不希望被别人抢走。严格地讲，水果并不是他种植的，但是他获得了以后就认为是自己的，这就是他自我意识向外延伸的体现。可能一个更厉害的原始人还会觉得，不仅仅手里的是"我"的，那棵树也是"我"的，只有"我"能采摘，这就是领地意识。再如乔布斯与他创办的苹果公司是难以分割的。自

14

我也会向内收缩，一个人失去四肢，他并不一定认为自我的意识有了缺陷。这就能解释，为什么少有人想到皮肤那么重要，因为它只是一个起点。自我意识一旦产生，自我与外界的边界就逐渐模糊，自我成为一个动态的概念。

外界同样也是个动态的概念。小孩子不知道世界多大，等到他们看了书，走出了家门，就会发现原来世界那么大。如果拿起望远镜看向更远的地方，就会发现原来宇宙更加宏大。在成长过程中，随着"自我"与"外界"的交互不断加深，两者的内容都在不断丰富，概念体系逐渐形成。

由此可见，自我意识的确是大自然的巅峰之作，是真正的混沌初开，是比宇宙大爆炸和形成地球更为精彩的产生。由触觉产生自我意识，而后在自我肯定需求的引领下不断地去认识这个世界，丰富自我的内涵，成长为拥有智慧的人类。

神创论者认为，眼睛是十分复杂且精密的器官，不可能由粒子无序碰撞结合产生。司马贺（Herbert A. Simon）认为，眼睛的进化类似钟表制造过程，是由各个小的、具备一定功能的零部件结构组合而成，这样进化就无须从粒子层面出发，进化速度自然会加快。但如果是由零件组成，为了要保证零件组合起来能够运作，就必须有某种已经成型的智能机制。另外，在最开始没有零件的情况下，是谁定义了零件的运作机制呢？如此还是不能清楚解释眼睛产生的根源。神创论者以及以司马贺为代表的学者，他们的基本假设都是先有结构，再产生功能。

我们认为，进化的过程应该是先有功能，再由功能与结构一起反复迭代演化。有了功能目的，进化的速度就能非常快。比如眼睛的进化，很可能是首先产生了视觉的功能，眼睛的雏形不会一开始就很精细，或许最初只能感受明暗的差别，但能为眼睛的进化提供方向就足矣。视觉功能与眼睛的结构纠缠在一起，经过长时间的共同进化，眼睛的结构变得越来越精巧，视觉能力逐渐增强，最终分辨各种色彩与事物。

与眼睛的迭代进化类似，我们认为生命也是从简单结构逐渐演化成复杂形态的。生命的最初状态应该是从单细胞开始，大多数人倾向于先考察细胞的构造，认为先有细胞核而后才有细胞的整体。但也很可能是先产生了细胞膜，细胞膜不仅保护了细胞内部物质，而且使得细胞具备了能与外界区分开来的独立性，在此之后细胞内部才逐渐确定出细胞核和细胞质等等。随着时间推移，细胞不断进化，一方面功能为结构的发展提供了指引和方向；另一方面，结构的发展又进一步强化了功能本身，最终才形成完整且明晰的构造。这个过程的要义是，功能与结构纠缠在一起共同进化，而非先有明确的结构才产生了相应的功能。

有人可能会提出质疑，比如小鸟、昆虫等动物，虽然具有领地意识，但它们不一定有独立意识，可能只是单纯为了更好地生存和繁殖，就能够产生这种领地意识，最终还是因为"自私的基因"（道金斯）在起作用。

一方面，这可以通过实验观测进行判断。另一方面，如果真的是"自私的基因"在作用，那人们还必须要回答基因从何而来的问题。当然可以说基因是由粒子自由碰撞产生的结果，随机的方向可以很多，不容易收敛，但这种演化仅仅只是诸多可能性中的一种，基因也好，眼睛也罢，如果真的只是随机碰撞产生的结果，要想演化达到今天的水平，需要异常久远的时间，今天人类和动物的眼睛特征不会如此相近。因此，进化更可能从边界开始，并且带着功能目的，是先需要功能，功能与结构相互迭代，这样的进化才高效且结果趋于收敛。

二、语言的习得与进化

在人类进化的过程中，语言的出现是一个标志性的飞跃。对于人类语言习得机制和话语生成进化规律，人类学家和语言学家们至今仍然没有一个统一的定论。对于婴幼儿在语言习得过程中表现出的卓越能力，以及语言从出现到成熟的进化呈现的惊人速度，目前的理论仍不能给出完满的解释。

语言习得不仅仅是语言学尤其是语言心理学研究的关键问题，语言习得和进化方面的研究在半个多世纪以来已经对哲学、人类学、计算机科学等学科的发展产生了重要影响。揭示人类语言的习得和进化规律，将对各个相关学科具有重要意义。

乔姆斯基（Noam Chomsky）在研究中发现，婴儿天生就表现出惊人的语言能力，在没有受过正规的语言训练时，幼儿就能快速理解父母的语言。乔姆斯基提出了普遍语法 (Universal Grammar) 的概念，指出了人类与生俱来就有一种解析语言的"器官"，因而具备语言学习能力，并只使用一组通用的语法规则，即普遍语法。关于语言的进化，乔姆斯基认为语言具有复杂性与多样性，语言基本元素的进化过程并不是自然选择就可以完全解释的。

平克和布鲁姆 (Steven Pinker and Paul Bloom) 也指出，语言十分复杂，语法也很烦琐，而孩童的语言学习速度惊人，并且在 3 岁左右就表现出能够掌握复杂语法的能力。他们认为，语言进化和人类学习语言的能力都是符合新达尔文过程 (neo-Darwinian process) 的，人类语言能力的习得与蝙蝠的回声定位能力、猴子的实体视觉能力相比并没有特异之处，并且尚无其他理论能取代自然选择理论来合理地解释这些能力。

塔特索尔 (Ian Tattersall) 指出，现代智人 (Homo sapiens) 对符号 (初期语言的基本元素) 形成认知后表现出了爆炸式发展，语言在 10 万年内即进化完成，这与人类生命上亿年缓慢进化的过程是很不相同的。他提出，与其认为语言的产生是自然选择的结果，不如说是在大脑中有"早已适应"的神经活动，只是等待被发现、激活。

乔姆斯基认为，语言早期习得依赖于某种天赋，儿童天生就具有一种学习语言的能力，这种能力被他称为"语言习得机制"。在乔姆斯基看来，儿童先天就具有形成基本语法关系和语法范畴的机制，而且这种机制具有普遍性。这种研究语言的方法是对心理学上行为主义和哲学上经验主义的一种反叛，使语言学成为心理学的一个分支。乔姆斯基的天赋论得出，是因为他认为一些事实如儿童学习母语速度之快等，不能用天赋以外的方式来解释。

我们认为，儿童语言的习得，并不能单纯地用天赋来描述。自我肯定需求能够很好地系统性解释儿童和成人语言习得的特点。

第一，儿童学习母语速度之快，是因自我肯定需求产生的强大动力。一个新生的生命必须与环境进行互动，接受来自各方的刺激。而人类社会的环境相较动物而言，具有更大的复杂性。正是这种刺激的多样性使得儿童自我意识迅速成长，自我肯定需求愈加强烈，正是这种强劲的自我肯定需求，促使儿童在这个时期，尝试用各种方式与外界交互，当他们发现语言是最有效的表现和沟通方式时，他们就会利用一切可以使用的资源进行语言的学习，其效率是非常高的。

第二，儿童学习母语的关键途径，是由自我肯定需求主导的。儿童在掌握基本少数词汇和语法后，自我肯定需求最突出的表现形式是博得大人肯定、融入朋友圈、在某一方面超过同龄人。儿童高效掌握语言根本上仍然是自我肯定需求外化的满足方式。

第三，第二语言的学习障碍，是由自我肯定需求在母语上得到满足而导致的。第二语言的学习对于一般人来讲，十分困难。这是因为个体一旦掌握了母语之后，他已经掌握了表现自己以及与外界沟通的重要工具，此时第二语言对个体而言已经失去了新颖性与需

求上的迫切性，个体自我肯定需求的重心转移到了其他方面，因此第二语言的学习的过程就不如学母语那样如有神助了。

语言的发展变化和运用表现出爆发（bursting）的特征。在中国的唐代，诗被发挥到了极致，质朴厚重有杜甫，潇洒浪漫有李白，山水田园有王维、孟浩然，新奇秾丽有李商隐，种类之多，内容之精彩，后人难以能望其项背。到了宋朝，人们转而将词作发展得淋漓尽致，豪放派、婉约派各有千秋，时至今日也很难有人超越。唐诗宋词之后，元曲又被推到了顶峰。唐诗、宋词、元曲在当时的普及、发展与繁荣，十分迅速，在短短几百年间将这些复杂的语言形式推向巅峰。这种令人惊奇的现象，我们认为自我肯定需求理论是能够解释的。当新的语言形式出现时，自我肯定需求使得人们为了追求更多的认可而去尽可能地展示自己的才能，探索各种可能性。这是一种非常强劲的、发自内心的动力。当某种语言形式变成了"时尚"，人们热衷于将之发展到极致，这些语言表达形式也得以在很短的时间内变得异常丰富。而当这种语言形式难以继续推进时，人类就转而去发掘其他全新的表现形式。这种快速发展和突然停滞不前就表现为爆发的特征。

早在 1770 年，J. G. 赫尔德（Herder）就提出"语言并非源出于神，恰恰相反，它源自动物"，神造就了人类心灵，而人类心灵则通过自身的作用创造出语言并更新语言。赫尔德的"人类心灵"是由神创造并且难以界定，我们认为可以用"自我肯定需求"取代"人类心灵"在语言进化上的地位。前述的爆发特征与人类的自我肯定需求作用密切相关,它可能为我们理解语言爆发式进化提供了指引。

中文起源于伏羲造字,直到春秋晚期文字尚能维持大体一致,至战国时,文字的地域横向发展歧异显著,形成了齐、燕、晋、楚、秦五大文字体系,直至秦兼并六国才又统一文字。战国文字的歧异现象实际上也是自我肯定需求的表现,由于各股势力并驾齐驱,彼此之间互不相容,即便有共同的文字来源,为了强烈地表现出自己的个性,民间所使用的俗体字随着社会大变革而被广泛使用,语言的种类在短时间内快速地丰富起来。人类有数千种语言,彼此之间的差异非常明显,我们认为这些差异与其说是来自环境压力选择的结果,还不如理解为自我肯定需求产生的作用。人们按照自己的方式改造语言,使得语言之间的分化变得越来越明显。

语言的本质是要表达"自我"与"外界"之间的"关系"。在此基础上,我们提出的语法框架的基本要素是一个"主谓宾"三元结构的陈述句(可以理解为语言的意旨),其他表达方式都是这个三元结构的变异体(fission),比如加入倒装、情绪、强调等修辞的表达方式,使得语言的形式变得更加丰富。

语言反映的是人认知的规律,这个规律先把东西抽象出来,再合并、简化,形成新的单位,再进行有效的沟通和表达。

语言可以看成是一种工具,让我们更加清楚地认识环境,并且表达出来。这就好比三角函数,可以用来丈量土地,数学符号也能被用来表达我们的思维逻辑。

如果没有语言,人类认知世界就不可能这么深入。人们常常说

外语是一种工具，那是站在通过掌握外语和不同文化背景的人交流、彼此沟通的角度上的。而我们的论点是，语言本身的涌现，是作为一种工具而存在的，这种工具是帮助人类认知世界的，反过来，语言又在影响我们对世界的认识，通过语言的过滤（filter），又会在某种程度上改变我们自身的认知。

三、附着与隧通

"自我"作为最原初、最重要的认知坎陷，它所指代的含义既可以是无穷多的，在某一个场景下又可以是有限的。比如，"我"可以是自己的名字、形象、声音、观点、作品等，其中每一个侧面又可以包含更多细节，内容甚至可以无穷丰富；如果在讨论某一张合影，我们说的"我"就会很具体地指向这张照片中一个人的形象。那么，认知坎陷这种看似矛盾的关系，如果放在机器上应该如何处理？

为此，我们提出一对新的范畴——"附着"和"隧通"，这对范畴就可以决定我们如何在机器上落地实现看似抽象的内容。附着相对容易理解[1]，是指一个认知坎陷在具体时空和场景下选择某一个侧面来表达。隧通，则是指在不同认知坎陷之间或者相同认知坎陷

---

[1] 奎因说："本质脱离物而依附词时成为意义。"斯宾诺莎说："一切规定都是否定。智能的忽略，也就等于使焦点周围的其他所有的点都处于遮蔽状态中。"这些给我们定义认知坎陷的"附着"以启发。

的不同侧面之间关系的建立。例如，隧通可以是建立因果关系[①]，也可以是类比、对比、否定、假借等关系，简而言之，隧通比建立因果关系要更加普遍。隧通的一个极致状态是德勒兹讲到的蔓延[②]，他主张的认知或者概念是生成的且无边界的。但通常而言，隧通是一个优化的、较短的路径。我们在表 1–1 中列出了几组相关概念，用来对照理解。

中国哲学史和逻辑思想史上的"名实之辩"是对名实关系的研究[③]，"实"可以理解为物理世界，"名"可以理解为语言概念。我们常提到概念有"内涵"和"外延"之分，内涵是相对容易解释清楚的，而外延就可能是无穷的。维特根斯坦提到的"可说"与"不可说"，索绪尔的"所指"与"能指"，隐喻与其背后的含义，诸如此类的范畴对也类似，分别体现了有限与无限的特性，可以与我们提出的"附着"与"隧通"对照来理解。无限和有限之间看似存在巨大矛盾，但

---

① Bernhard Schölkopf, Francesco Locatello, Yoshua Bengio, et al. "Towards causal representation learning". arXiv, 2021, https://arxiv.org/pdf/2102.11107.pdf.

② Deleuze. *Différence et Répétition*. Presses Universitaires de France, 1968, Paris.

③ 春秋时期，"名实相怨"，邓析首先作《刑名》一书以正之，并提出"按实定名""循名责实"的主张。孔子强调以名正实，以为"名不正则言不顺，言不顺则事不成"（《论语·子路》），主张按周礼规定的等级名分来纠正"礼乐不兴""刑罚不中"的现状。墨子提出"取实予名"，强调知与不知之别"非以其名也，亦以其取也"（《墨子·贵义》）。后期墨家对名、实关系作了详细分析，认为"所以谓，名也；所谓，实也"（《经说上》）。指出有物才有名，无物便无名："有实也，而后谓之；无实也，是无谓也。"（《经说上》）名的作用在于"拟实""举实"，倘若名不符实，就会产生错误，"过名也，说在宾"（《经下》）。

很多时候，人类恰恰可以将认知中无穷的内容"附着"在微观、具象的内容上。比如说"我们的生活比蜜甜"，就是把一个无限的内容（生活）附着在一个很具体的事物（蜜）上。

意识片段（或认知坎陷）是超越时空的，而不是只出现在一个时间点上，所以其内容可以无穷丰富。传统的理论倾向于假定有一个实体化的、理想的"点"，例如康德的"物自体"、柏拉图的"理念"，都有实体化的意味，但我们遇到的都是意识片段，其实是非实体化的。意识片段在时间上有连续性又存在跳跃性，虽然我们可以用一个符号去指代某个意识片段，但这个符号不太可能将意识片段完整地重构出来。

这种"附着"非常重要，可以用来理解"自我"等认知坎陷所具备的不同侧面。"自我"虽然可以指代无穷多的含义，但是在具体的场景下，"自我"依然可以具象。有时候是自己的外形，有时候是对应在某一个时刻场景下的我，有时候可能只是一个名字……这都是"自我"可能附着的具象。在很多人心目中，李小龙可能是附着在他身穿黄黑色运动服、手持双节棍的经典形象上；普通社交之间，对不同人的认知可能就附着在这个人的名字上，等等。不同的人或者同一个人在不同情形下，一个认知坎陷的"附着"都可能发生变化，但"附着"都提供了将无限压缩或投射到有限的功能。

表 1-1　几组相似范畴的对比

范畴对		出处
附着	隧通	蔡恒进、蔡天琪[1]
实	名	名实之争
唯实论	唯名论	中世纪经院哲学
可说	不可说	维特根斯坦
所指	能指	索绪尔
内涵	外延	逻辑学
有限性	无限性	

　　意识片段或认知坎陷只有"附着"还不够，在不同的场景下，还要将意识片段不同的面向挖掘出来，这就是"隧通"的作用。比如，病毒附着在 RNA 上，但一旦放入细胞或者适宜环境，病毒就可以感染和复制，在不同的环境中进行相应的表达，这就是一种隧通。换句话说，无穷多的内容先附着在具象上，然后通过这个具象又可以隧通到背后相关联的多个面向，彼此可达。任何认知坎陷（包括信念等），都可以被附着和隧通，二者对应了学习过程里的"约"和"博"。写作和阅读也是一直在转换和隧通，从博到约，从约到博。高级智能就要求能灵活处理这类博约的问题。

　　人的脑容量有限，例如有理论说人最多能同时处理 7 个左右的

---

① 蔡恒进、蔡天琪：《附着与隧通——心智的工作模式》，《湖南大学学报》2021年第 4 期。

念头[1]，而物理世界是无限的。可是，现实中有的人就拥有很强的理解能力与认知能力，似乎在任何场景中都能得心应手，其中的关键就在于他们能够快速地找到适合的附着之处，或者说能自如地隧通。对大多数人而言，附着并不是难题，但如何隧通、如何更好地适应新场景，则不是简单的问题，也体现了个体之间不同的智能水平。附着之处还是有好坏之分的，有人附着在"自我"、宗教信仰，有人关注身体状态，有人关注自己过去的遭遇，有人附着在对未来的美好期待，等等。除了附着本身的好坏之外，还要看主体附着之后是否能更好地适应新场景，适应性更强的附着之处往往更优。

爱因斯坦说："世界上最不可思议的事情，就是这个世界是可以思议的。"柏拉图坚信"理念世界"的存在性。康德认为将经验转化为知识的理性（即"范畴"），是人与生俱来的，没有先天的范畴我们就无法理解世界。

在附着与隧通的基础上，我们就能将"理解"定义为主体能够将某一个对象"隧通"到"自我"。理解的过程可以看作是主体的"自我"与对象的相遇。这种相遇并不是简单的降射，而是通过相遇可能产生新的内容。在此过程中，"自我"不会整体都发生变化，但经过相遇，与客体认知坎陷交互的过程中会发生信息交换，"自我"在吸收过滤新的内容后，在局部上很可能会发生变化。

---

①   Miller, G. A. (1956). The Magical Number Seven, "Plus or Minus Two: Some Limits on our Capacity for Processing Information". *Psychological Review*, 63, 81–97.

一个认知坎陷所有侧面的关键词（认知坎陷）构成的网络，可以作为认知坎陷的知识本底。假如理解是完美无损的，对本底的理解都是精确的，那就是我们过去理想中的"理解"。但实际上的理解是有损的、呈金字塔结构的交互，每一次相遇都是上下层之间的重构，成为新的网络。每个主体的坎陷世界都不尽相同，加之认知主体会受到主观和信息处理能力的限制，其认知不会是、也不可能是完整的，也有可能两个认知坎陷完全没有办法自如地隧通，也就表现为不理解甚至矛盾冲突。理想化的理解应该是对客体认知坎陷的所有侧面都能自如隧通到"自我"，但实际上我们只能做到部分的隧通。

虽然理解过程描述起来有些复杂，但实践起来又可以很简单。我们在对理解的度量方式上，使用相对度量、能够进行比较就足够了，因为我们做最终的判断是需要额外的信息的，这也说明人类的理解机制是开放的，与外界息息相关。这种开放性就和图灵机的机制非常不同：图灵机是一个封闭的环境，需要提供给定的各个条件或规则，而人类的理解则是不确定、不完整的，当外界因素（比如有待理解的对象）发生变化时，内部（坎陷世界）也在改变。

虽然事物是客观存在的，但我们不可能了解到物理世界的全部，或者说不可能开启"上帝视角"，而一定是站在某种角度去理解世界。我们可能习惯了用"上帝视角"去思考人工智能的问题，甚至是主观世界的问题，但这种思路实际上会使我们陷入瓶颈。我们真正要突破的是无限与有限之间的矛盾。例如世界上的杯子有无数种，颜色、材质、形状、功能各异，我们也倾向于认为自己说的杯子就是

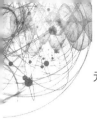

指代了这一类所有的可能,但实际上我们在特定场景下说的杯子,其附着是非常有限的集合。

过去我们以为客观世界可以被反映,但现在我们越发了解到客观世界是无穷的,因而不可能被完美地反映。对人而言,不完美的反映是可以接受的,只要抓住一个侧面或者子集,捕获某些特征就足够我们与世界交互。一方面,不同事物的主要特征不停变化,在不同时间、不同场景下,所体现的面向或所附着之处是不一样的;另一方面,每个人的经历不同,认知水平不同,甚至是身体状态不同,就算处在相同的时间和相同的场景下,对同一个事物的理解也可以不同。这些不同点放在机器学习中就起到了启发作用。

对机器而言,不同的机器在相同时间和场景下捕获的特征理论上是完全一样的,而主观世界的形成则是多样性的。理论上说,机器以后也会朝着多样性发展,当机器面对相同环境能够捕获出不同特征,机器就有可能像人一样思考与理解,形成自己的坎陷世界。

我们在模拟实验中,完全随机性代表的是智能为零的基准。当主体具有某种偏好或者信念(相当于具有 Oracle),有可能是智能为正(更快地达到目的),但也有可能是智能为负(陷入死循环或者暗无限[1])。场景变化,策略变化,技能不同,选择就不同。在反思"自我"时,我们会尽量地包罗很多因素,我们会认为"自我"就是这个无穷大的集合,但实际上,在具体场景下,"自我"是很单纯地附着在

---

① 蔡恒进:《超级智能不可承受之重——暗无限及其风险规避》,《山东科技大学学报》2018 年第 2 期。

某些具体的面向上。在机器学习上，例如让模型识别 ImageNet，实际上是要求机器识别其中所有的内容，包括再来一张新图片，也期望机器按照 ImageNet 训练的方式去识别、去分类，在这个意义上看，就是要求机器识别整全的、包罗万象的内容。但如果从主观世界形成的角度来看，恰恰是不需要这样，而是识别特点，对同一个坎陷建立不同的面向，根据场景不同来隧通，附着到相应的面向上。

人们长久以来希望找到某个涵盖一切的、完整不变的东西来指代人类意识与智能本质，但恰恰人类认知是不完整的才更合理，效率才更高，因为物理世界包含无穷的可能性，我们不可能全部习得，只能够也只需要接触到个体能够捕获的有限特征就足够了。如果按照"丘奇—图灵—多伊奇命题"的强计算主义观点，所有的物理系统是图灵等价的，那么智能将无从谈起、无处入手。我们的理论强调智能与意识、自我意识密切相关，正是因为由认知坎陷将人的认知偏离客观的物理系统，才有智能，反之对物理世界的完整反映与存储恰恰意味着没有智能。计算机的主程序可以看作是一种微弱的"我"，在此基础上，就有可能让机器跨越人机本质差异，人工智能也将取得突破性的进展。

"活泼性"（vivacity）概念是休谟人性理论中一个重要概念，它既是感觉、记忆和知性的基础，又是判断、情感等心灵（或心智、意识）活动的主要驱动力。活泼性并非仅属于客体或仅属于主体的、与意识本身或意识对象割裂的个别的性质，而是意识对象所具有的特定性质与意识本身的特定能力之间互动的结果。在休谟的心灵模

型中，心灵所呈现出的性质和所做的活动，既不是对自然的简单记录，也不仅仅是心灵主体结构的直接呈现，而是本身带有一定性质和能力的主体与自然互动、交融后形成的"第二自然"。①

休谟（David Hume）的心灵模型为我们模拟心智的工作模式提供了启发，为了模拟实现自如地隧通，模拟大脑中分布式的存储和多元的刺激（比如有正向信号、抑制信号、信号叠加等等），我们可以设计一套对多元化刺激的响应机制，最后能够得出可解释的响应结果。心智工作模型可以是一个分布式系统，机器拥有很多节点，不同节点具有不同的专业特点，用于感知、捕获特征，并以 Token 的形式从小范围开始交互并达成共识。Token 实际上对应了我们意识世界的认知坎陷，也是休谟心灵模型中的"活泼性"，不同节点之间通过多元化的 Token 交换等方式来交互。由于不同节点的侧重点不一样，那么就有可能不同节点捕获到不同特征，从机器整体来看，就会有不同的"念头"先后冒出来。

---

① 黄昉：《休谟"活泼性"概念的新阐释》，《清华西方哲学研究》2020 年第 1 期。

—— 第二章 ——

人工智能的快速发展

一、行为主义、联结主义和符号主义的贯通

中文的"理解"可以有两种英文翻译，一种是"comprehend"，另一种是"understand"。"comprehending"的前缀"com-"就带有范围广阔的含义，可以看作是将更多的内容包含进来的意思。"understanding"的词源比较有争议，有人认为是"under-"实际上是"inter-"，也有人从"undertake"的角度来解释，我们认为"understanding"的重点可以看作是"站在更底层"的角度看。在做研究时，如果能够从更底层出发，贯通各理论观点，就可以看作是"understanding"。表2–1中梳理了AI三大流派（即行为主义、联结主义和符号主义）的特点与各自对应的哲学思想。

表 2–1　AI 理论的会通

AI 流派	由约而博	由博而约	对应哲学
行为主义	学 Imitating	习 Practicing	具身哲学 控制论 机器人学

续表

AI 流派	由约而博	由博而约	对应哲学
联结主义	学 learning	思 thinking	心学 现象学 唯心主义
	延伸 extending	坎陷化 routinizing	
	Comprehending	Understanding	
符号主义	演绎 Deducing	归纳 Inducing	柏拉图主义 逻辑学 数学

　　换一种角度看理解（comprehending），其特点是由约而博，需要吸收大量的、丰富的内容，而"understanding"是消化吸收了这些内容之后由博到约，比如学习电磁学到最后只剩下麦克斯韦方程组、爱因斯坦对大统一理论的追求，等等。

　　AI 三大流派可谓耳熟能详，但这三者的关系目前还没有被整理得很清晰。第一类是行为主义，MIT 的布鲁克（Brook）教授可以看作是行为主义者，他的研究生涯几乎就在研究 AI 行为主义，也做出来一个模拟螳螂的机器，简单的理解就是机器按照外界的刺激来反应。行为主义大多认为意识不仅是大脑的事，而是整个身体的事情，背后反映的是具身哲学的思想。

　　第二类是符号主义，数学、物理世界充满了各种逻辑符号，图灵机本身也可以看作是符号主义的尝试。司马贺是图灵奖和诺贝尔经济学奖得主，也是符号主义的代表，他提出的"物理符号系统"假设

从信息加工的角度研究人类思维①。但符号主义也不能成功，因为规则永远无法被定义完全或囊括穷尽，不管划定了多么大的范围，也一定会有遗漏在框架之外的东西。符号主义背后的哲学思想与柏拉图主义相通，都相信或立足于"本质"的存在，如果能够发现并定义本质，或者把这个本质的公式写清楚，那么其他所有内容都是这个本质公式的展开和演绎而已（比如公理系统）。

第三类是联结主义。研究者们很早就发现神经元之间有很多连接，信息传递的同时还有放电现象，而联结主义最初就是试图模拟大脑而来。深度学习、强化学习都可以看作是联结主义的应用。很多研究者希望找到新的框架，甚至 AGI 的框架，他们认为深度学习、强化学习不足够模拟人脑的学习，其中也包括清华大学人工智能研究院院长张钹。

行为主义与联结主义的关系是什么？行为主义可以通过动物行为来理解。动物、简单生命甚至单细胞生物，都能应对外界的刺激，行为主义更多的是模拟这种动作上的反应或反射。比如羽毛球运动员，在平时需要经过大量的训练，让身体形成记忆式的反应，在赛场上，运动员的主要注意力就不再是肌肉如何协调，而是对球的跟踪、与对手的博弈。行为主义与这些身体动作的相关度更大，主体需要做的是大脑如何控制协调身体的练习。这种练习需要练到位，这个练到位的过程也体现了"由博到约"，将大量复杂的刺激最后练成几

---

①   Herbert A. Simon, *The sciences of the artificial*, Boston: The MIT Press, 1996, pp. 37–40.

套代表的反应模式。小孩子早期就是行为主义的内容比较多。随着个体成长,大脑不断发育发展,联结主义的内容才逐渐增多。

联结主义与符号主义也有关系,符号主义可以看作是把内容坎陷化或炼化到了很简洁的程度,从而形成了各种符号或模型。比如古人讲的"天圆地方"就是一种极简的世界模型:天是圆的,地是方的,这是很抽象的一种描述。现代的马路大多笔直,但古人看到的未经加工的外部环境是绵延起伏的,在这种条件下抽象出地是方的非常难得。有了这个模型之后,会影响我们对道路的修葺,行军打仗也不容易迷失方向,也就是懂得这个模型和不懂这个模型就会产生实际的差异。还有"阴阳"这个模型的可解释性也很强,直到今天还有人用阴阳来解释世界发生的事情,这就是炼化之后的极简模型可能产生的深远影响。逻辑学中的形式逻辑也是一个极简的模型,或数学中的一些公理,比如欧几里得定律。这些模型会让我们觉得世界很神奇,似乎物理世界真的只按照公式发展,然而事实并非总是如此。我们面临的外部世界比所有的公式都更复杂,公式系统并不完整。1900 年希尔伯特提出的二十三问之一就是如何用一套公理系统来统一数学,其沿用了莱布尼茨的思路,即如何找出一套符号系统来模拟整个世界[1]。很多学者,尤其是符号主义者,一直怀有这种梦想。比如,爱因斯坦就想要找到一种统一的方程,但是这个梦想终究无法实现。

---

[1]　胡久稔:《希尔伯特第十问题》,哈尔滨工业大学出版社 2016 年版,第 1—9 页。

哥德尔不完备定理指出，不论给出什么公理系统，我们总是能找到一个命题，这个命题在这个公理系统中既不能被证实也不能被证伪，即永远都会有公理以外的东西。换一种方式理解，就是不管列出多少条规则，总有内容不能被囊括其中。有一个经典的例子就是芝诺悖论（或阿基里斯悖论）：阿基里斯是古希腊跑步很快的一个人，这个悖论就在于阿基里斯永远追不上乌龟。这个结论看起来十分荒谬，从常识来看，他肯定几步就能追上乌龟，但论证者在逻辑上是这样解释的：比如用数字来形容，如果阿基里斯是乌龟 10 倍速度，而他离乌龟有 100 米；假如阿基里斯跑 100 米，那个乌龟也已经朝前爬了 10 米，乌龟还在他前面；阿基里斯接着走 10 米，乌龟还走了 1 米，他还在乌龟后面，阿基里斯继续朝前走 1 米，那个乌龟又走了 0.1 米……论证过程本身没有错误，问题在于其论证用的描述系统具有边界。即这类论证者在自己限制的范围内是没错的，但这个封闭系统的时间并不开放，所以阿基里斯永远跨不过系统的时间边界，在空间上也就永远追不上乌龟。

这个悖论正好说明假设本身可能有局限性，那么假定的世界就并非真实世界。符号主义很可能也面临类似的问题，不管制定多少严谨的规则，总会有一件事是真实会发生但却不被规则包含的。因此符号主义会失败就不难理解，因为它无法涵盖所有可能。联结主义则是不停迭代，它由博到约、由约到博不断往复，总能"折腾"到一个比较好的状态，只是现在的深度学习还没到这种状态，依然有进步空间。深度学习存在一个所谓的"极小问题"的瓶颈。人类大脑有一个信息精练的过程，有利于跳出极小等这些机器在深度学习里遇到的问题。

符号主义是理想化的，它希望我们能够猜出来理念世界最本底的规则，以此来构建世界的所有规律。但就像我们已经讨论过的，没有一套完美规则能涵盖所有。现在用的计算机是图灵机，也是符号主义、遵循规则。但为什么它又能产生新的东西？我们认为原因在于图灵机并不是封闭的。图灵曾经也提出了带有 oracle（谕示）的图灵机的设想，停机问题在图灵机里没法解决，但假如有 oracle 可能就能够判定是图灵机了[①]。现在深度学习的这些数据可以看作是一个 oracle，听起来是悖论：我们用的是图灵机，而图灵机是规则的。但问题是和外界的交互不是不变的，假如说数据集是完全确定的不再更新，那这个图灵机就不会产生新的东西，但我们面临的世界一定有新东西不断输入，所以一定不是绝对意义上的图灵机。[②]

我们不知道深度学习效果好的原因，即深度学习对人来说依然是不能解释的黑箱。其原因在于深度学习抓取的特征和人抓取的特征没有太大关系。我们可能会根据某人外貌给他起外号，其他人能理解就在于这些外号抓住了突出特征。但机器抓特征更像是眉毛胡子一把抓，人类并不能理解机器给出的成万上亿的特征。

---

① Ord T. "The diagonal method and hypercomputation". *The British Journal for the Philosophy of Science*, Vol. 56, No. 1, pp. 147–156, 2005.

② 徐英瑾：《心智、语言和机器——维特根斯坦哲学和人工智能科学的对话》，人民出版社 2013 年版，第 32—53 页。

我们正尝试在深度学习上使用原来的框架，抓取人类能理解的特征。原本的深度学习过程不是很清晰，现在要做的就是把这个做得更清晰，一方面是将模型大小尽可能地压缩，另一方面是在图片识别上尽可能地放开、多纳入一些特征进来。我们希望看到经过这样训练过的网络模型能更像人一样，把耳朵、眼睛、鼻子、嘴、下巴等这些人类可以理解的特征抽象出来，而不是原来那种提取出上亿个参数。如果这样发展下去，人跟机器未来应该是能互相理解的，而这个思路背后指导的概念就是认知坎陷。

当我们在白天走进一间教室，可能不会意识到电灯的存在或窗帘的款式，而最先关注到坐在里面的人或者是 PPT 上放映的内容。人们观察和理解这个世界的过程往往类似，总是注意到部分重点，而不是每个细节。而机器是按照像素来辨别环境，比如在教室里放置一个摄像头，它就会将视野内的所有内容以像素为单位存储。能够被人们所关注到的内容也就是认知坎陷。这里的人、桌子、灯，或者是某种很突出的颜色、花纹，等等，这些都是认知坎陷。这个世界太复杂，人类个体不可能清楚所有细节，但是有很多能力在出生后很快就能习得，这些是在大脑快速发育的时期、可能连我们自己都意识不到的情况下就已经学会的。比如对于机器而言非常困难的一件事：当一只猫走进来，人和机器都能看出这只猫，然后猫走到椅子后面只露出尾巴，人很容易知道那还是那只猫，但想要机器产生这种看似轻松的"直觉"却相当难。其中的区别就在于人类通过认知坎陷来识别环境，把猫看作是一个整体，而不是细节的组合，因此虽然猫在走动甚至藏起来一大部分，从画面的像素上来讲发生了很大的变化，但是在人类的意识里它还是一只猫，而机器现在还做不到。我们现在尝试在联结主义的基础上为机器输入意识片段，让它像人一样学习，那么就有可能让它捕捉的特征在人看来更容易理解。

现在基于符号主义的深度学习还有一个难题是，有些图片本来很容易识别，比如交通停车标志，但如果改掉其中几个像素机器可能就不认识了。机器最容易陷入死循环的一种情况是，如果图片中的人在身上有一个二维码，那么机器会先去识别容易识别的二维码，假如这个二维码又指向这张人的图片，此时机器就很容易陷入死循环。

二、奖赏能够通往超级智能吗?

人工智能（Artificial Intelligence，AI）于 1956 年被首次提出。至今，已经出现了许多表现力超强的 AI 系统。尤其是深度学习框架的出现与发展，使得 AI 能力得到了大幅提升。例如，面部识别技术已经广泛应用于个人支付，DeepFake 等系统创造了一批批以假乱真的图片与视频。AI 在文学创作、电子竞技等开放领域也有出色表现。2020 年人工智能大会开幕式上，百度小度、小米小爱、B 站冷鸢、微软小冰四位虚拟歌手领唱了大会主题曲，意味着 AI 可能马上就

能创作出被人们欣赏、广泛流行的音乐作品。

AI 已经在很多专业领域逐项超越人类。比如，战胜了人类冠军棋手而名声大噪的 AlphaGo 已经发展到第四代 MuZero[1]，不仅表现力超越了前面三代，而且能在未知任何人类知识以及规则的情况下，通过分析环境和未知条件来进行不同游戏的博弈。蛋白质的折叠空间预测是一个很难的科研问题，在近两届 CASP（The Critical Assessment of protein Structure Prediction，蛋白质结构预测的关键评估）上大获成功的 AlphaFold 和进化版本的 AlphaFold2[2] 在此问题上已经体现出了超高水平。从评分机制来看，AlphaFold2 已经达到 90 分的水平，最优秀的人类专家团队成果却只能到 30 多分，AI 的分析结果已经到了可用阶段。

即使如此，通用的超级人工智能何时到来还不可预知。有学者（John McCarthy，1977）[3] 提出，要在理论上突破可能还需要 5—500 年的时间，也就是说既有可能很快就实现，也有可能要很久才会发生。作为 AlphaGo 系列和 AlphaFold 系列的创造者，DeepMind 认为自己研发的就是 AGI（Artificial General Intelligence，通用人工智能），

---

① Schrittwieser J, Antonoglou I, Hubert T, et al. "Mastering Atari, Go", *Chess and Shogi by Planning with a Learned Model*. 2020（588）: 604–609.

② Callaway E. "'It will change everything': DeepMind's AI makes gigantic leap in solving protein structures". *Nature*, 588（7837）: 203–204.

③ 在 1977 年的一次会议上，约翰·麦卡锡（John McCarthy）指出，创建这样一台机器需要"概念上的突破"，因为"你想要的是 1.7 个爱因斯坦和 0.3 个曼哈顿计划，而你首先要的是爱因斯坦"。"我相信这需要 5 到 500 年的时间。"

图灵奖得主辛顿 (Hinton)[①] 也倾向于将自己的研究归属到 AGI。而深度学习系统普遍存在的不可解释性、可迁移性较差和鲁棒性较弱的问题，则一直是 AI 科研团队的研究重点。

中国工程院院士、中国人工智能学会名誉理事长李德毅[②] 谈到了人工智能和脑科学的交叉研究，指出脑认知的三个内涵在于记忆认知、计算认知和交互认知。李院士认为，脑认知的核心是记忆认知，是人类智能的显著表现。记忆不是简单的存储，还伴随有一定的取舍，取舍过程就是计算，就是简约和抽象的过程。计算认知中，计算机做算法做得很多，而人脑只有一个计算方法——相似计算。交互认知具有二重性，既有神经网络内部的交互，也有大脑通过感知系统与外部世界的交互。

清华大学人工智能研究院院长、中国科学院院士张钹给出了他关于人工智能发展的思考，指出人工智能经历了两种发展范式，即符号主义和连接主义（或称联结主义），分别称之为第一代和第二代人工智能。[③] 目前，这两种范式发展都遇到了瓶颈：符号主义影响的第一代 AI 具有一定程度的可解释性，能模仿理性智能，但不能随机应变，无法解决不确定问题；以深度学习为代表的第二代 AI 使用门槛较低，能够处理大数据，极大推动了 AI 应用，但具有不可解释、

① Geoffrey Hinton. How to represent part-whole hierarchies in a neural network. 2021. arxiv.org/abs/2102.12627.

② 李德毅:《人工智能为什么还没有意识》,《检察风云》2020 年第 5 期。

③ 张钹、朱军、苏航:《迈向第三代人工智能》,《中国科学: 信息科学》2020 年第 9 期。

易受攻击、不易推广和需要大量样本的局限性。今后发展的方向将是"第三代人工智能",这是一条前人没有走过、需要大家去探索的道路,将对科学研究、产业化和人才培养产生重大影响。

AI 的发展逐渐多元化,我们可以逐步从不同角度切入这个主题,比如相关因果、感知认知、符号主义、脑科学以及发展基础数学等。从认知科学的角度切入,就可能触及悬而未决的意识问题,这虽然一直是认知科学和 AI 交叉领域的研究热点,却进展缓慢。

1988 年,科学家们首次发现了意识的实验证据 (FMRI evidences),随后人们从不同领域 (比如神经科学、哲学、计算机等) 进行意识的研究。很多人认为机器没有意识,没有情感,没有思维,也不可能具备像人一样的高级智能,实际上并非如此。意识的功能是一个从长期记忆力提取短期记忆内容的提取器 (类似一个指针),因为人的长期记忆事实上处于无意识状态,数量十分庞大。短期工作记忆是大家都可以意识到的,但通常可能只有几个字节。这个信息瓶颈可能就是需要意识来克服。意识需要根据当下的任务和情景,尽可能快地把最相关的因子提取出来。

全局工作空间理论 (Global Workspace Theory, GWT)[1] 是美国心理学家伯纳德·J. 巴尔斯 (Bernard J. Baars) 和神经科学家斯坦尼斯拉斯·德阿纳 (Stanislas Dehaene) 与让 – 皮埃尔·尚热 (Jean-

---

[1] Baars, B. J., & Franklin, S. (2007, November). An architectural model of conscious and unconscious brain functions: Global Workspace Theory and IDA. *Neural Networks Special Issue*, 20 (9), 955–961.

Pierre Changeux）提出的意识模型。该理论认为，当我们在大脑的"全局工作空间"存有一段信息而且这段信息可以被传播到负责特定任务的模块时，有意识的行为就会产生，全局工作空间像是信息的瓶颈，只有当上一个有意识的念头消失，下一个念头才能取而代之，该研究团队认为脑成像研究显示的"意识瓶颈"是一个分布式神经网络，位于大脑前额叶皮层。GWT 主张意识是由工作空间产生，任何能够把信息散布到其他处理中心的信息处理系统都应该具有意识特征。"一旦你有了信息，而且这一信息可以被广泛获取，意识就在此中产生了。"西雅图艾伦脑科学研究所的首席科学家兼所长克里斯托弗·科赫（Christof Koch）说。也就是说，意识是一种促发和指导行动的计算。

　　全局工作空间理论就是针对这个问题，可以迅速把长期记忆的关键因素抽取到工作内存里，方便执行当前任务，加强系统的灵活性。在 GWT 的基础上，图灵奖得主布鲁姆（Blum）进一步提出了"有意识的图灵机"[①]。这套理论已经加入了机器的"愉悦""痛苦"因素，虽然机器对情感的处理方式与人不一样，但是机器已经能拥有这些情感，算法中的 loss function（损失函数）或 accuracy（精准度）都可以看作是情感的指标。AlphaGo 等 AI 用到了强化学习机制[②]，这种

---

① Manuel Blum and Lenore Blum. "A theoretical computer science perspective on consciousness". https://arxiv.org/abs/2011.09850v1, 2021.

② Panin, A. and Shvechikov, P., *Practical Reinforcement Learning*. Coursera and National Research University Higher School of Economics.

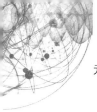

奖励回馈机制（reward function）也已经与情感有关系。很多人认为机器不能拥有很强的自我意识，但是实际上机器可以学习、能与环境交互，已经有了微弱的"自我"存在。

威斯康星麦迪逊分校的神经科学家朱利奥·托诺尼（Giulio Tononi）创立了一种与 GWT 相竞争的意识理论，即整合信息理论（Integrated Information Theory，即 IIT）。IIT 主张，意识不是当输入转换成输出时产生的东西，而是某种具有特殊结构的认知网络的固有性质。如果说 GWT 的起点是这样一个问题：大脑需要做什么才能产生意识体验？ IIT 则反其道而行，从体验本身入手。"有体验（experience）就有意识。"托诺尼说。托诺尼和科赫声称已经基于这些公理推导出一个物理系统必须具有哪些属性，才可能拥有一定程度的意识。IIT 特征之一是认为意识有程度（degree）之分。任何具有必要网络结构的系统都可能拥有一些意识。"无论是有机体还是人造物，无论是来自远古的动物王国还是现代的硅基世界，无论它是用腿走路、用翅膀飞翔还是靠轮子滚动……只要它兼具差异化和整合性的信息状态，这个系统都有所感受。"IIT 用希腊字母 Φ 来表示系统不同部分之间彼此"了解"的程度。

信息整合理论只适用于那些状态数量有限的离散系统，这意味着 IIT 对大多数传统的、连续的物理系统并不适用，比如，粒子的位置或磁场的强度，它们可能的值有无限多。如果想把信息整合理论的方程应用在这样的系统中，通常会得到一个无用的结果，即 Φ 为无穷大。斯科特·阿伦森（Scott Aaronson）对信息整合理论的批评认为，整合度不是意识的充分条件。默里·沙纳汉（Murray Shanahan）的批判针对 IIT 推论认为在传统计算硬件上实现的人类级别的人工智能（human-level AI）必然是无意识的，但其论述并不充分，沙纳汉认为我们还需要继续等待 AI 发展到一定水平才能判断 AI 与意识的关系。我们对 IIT 的反驳在于，如果将意识的关键落脚在信息，不论是信息交换或整合，都不足以解释意识的难题。从物理的角度来看，任何物体之间都有信息交换，例如随便两块石头之间都有引力作用，也会产生粒子交换，那么石头有意识吗？当然，有人可以反驳认为引力作用交换的内容不是信息，那如果我们对着一面墙说话，它也一定会接收声波、粒子并返回，我们听到回声，是否就说明这面墙就有意识了呢？我们认为意识的关键还是在于一定要有主体性、带有主观偏好的才能算作意识。因此，即便石头也好墙也罢，正是因为它们不具备主体性，没有意识，才会对外界刺激进行 100% 的反应。

卡尔·弗里斯顿（Karl Friston, 2010）提出了"自由能量原理"（free energy principle）认为，生命只要存在，就会不断减少个体期望与感官感受之间的差距，或者用他本人的话来说，就是让自由能量最小化[1]，他引入的"surprise"（惊讶度）实际上也可看作情感指标。自由能量理论的概念本身来自物理学，这意味着如果不引入数

---

[1]　我们用自我肯定商（Self-Assertiveness Quotient，SAQ）表示自我肯定需求的强度。SAQ 其实是 Friston 自由能量假说成立的一个前提，否则植物人才是自由能最小了，SAQ 在度量智能时变得很重要。

学公式,就很难把它解释清楚。从某种意义上说,自由能量之所以强大,是因为它不仅仅是一个文字化的概念,更是一个可测量的量,从而能够被模型化,其过程与弗里斯顿引起世界轰动的脑成像建模十分相似。但如果将这个数学上的概念翻译成文字,得到的结果大概是这样的:自由能量是期望状态与测量状态之差。换句话说,把自由能量最小化也就意味着意外最小化。弗里斯顿认为,无论是原生动物还是职业篮球队,任何能够抵抗无序和分解趋势的生物系统,都遵循自由能量原理。当大脑做出的预判不能很快被感受器证实时,大脑可以通过以下两种方式之一来使自由能量最小化:修改预判——接受意外,允许错误,更新世界模型;或者主动让预判成真。

马尔科夫毯(Markov blanket)是自由能假说的一个关键组成部分,通过将毯内和毯外的交互限定在特定条件下,要么通过改变内部观察到的模型或者观察其他地方的外部环境,使得内在状态不直接改变外界环境,保护毯内状态不受外部影响,马尔科夫毯可以看成是认知版本的"细胞膜"。每个人身体内部也存在各式各样的马尔科夫毯,有分隔器官的、分隔细胞的,还有分隔细胞器的。

自由能理论与自我肯定需求理论有部分类似之处,但前者依然是侧重于主体如何适应外界环境,并且仍旧缺少对更底层问题的回答:如果自由能是个体期望与感知之间的差距,那么个体期望从何而来?或者说意识从何而来?自由能最小化理论可能可以解释很多(主体适应外界的)场景,但还有很多现象无法解释,例如人的创造性从何而来。

自我肯定需求理论则是从触觉大脑假说出发，把生命本身视为分界点，这是生命的一个很特别的功能。对"我"这种意识，它在生命起源的早期非常微弱，但是到了人类这里就变得非常强烈。触觉大脑假说里具有认知功能的部分指的是大脑。就单细胞而言，细胞膜是有认知功能的，其认知功能就在于从某种意义上，细胞膜可以分清楚哪些是食物，哪些是有害物质，它能区分内外，我们可以将其视为一个很微弱的"我"，"我"的意识实际上是从这里慢慢进化而来。

三、注意力能够通往超级智能吗？

"基础模型"（Foundation Models，是指在大规模的广泛数据上进行训练并且可以调整以适应广泛的下游任务的任何模型，例如BERT[①]、GPT–3[②]和CLIP[③]等)的研究报告[④]显示，从技术角度来看，

[①] Jacob Devlin, Ming-Wei Chang, *Kenton Lee, and Kristina Toutanova.* 2019. BERT: *Pre-training of Deep Bidirectional Transformers for Language Understanding.* In Association for Computational Linguistics（ACL）. 4171–4186.

[②] Tom B. Brown, et al. 2020. *Language Models are Few-Shot Learners.* arXiv preprint arXiv:2005.14165（2020）.

[③] Alec Radford, et al. 2021. *Learning transferable visual models from natural language supervision.* arXiv preprint arXiv:2103.00020（2021）.

[④] Rishi Bommasani, Percy Liang, et al. "On the Opportunities and Risks of Foundation Models". 2021.

基础模型是基于深度神经网络和自我监督学习的。这两种技术已经存在了几十年，然而在过去的几年里，基础模型的规模和范围扩张如此之快，让我们不断刷新对未来可能的期望值。例如，GPT–3有1750亿个参数，可以通过自然语言提示进行调整，在许多任务中完成一项可通过的工作。2021年6月发布的"悟道2.0"的参数量更是达到了1.75万亿。自监督训练使得基础模型对显式注释的依赖性下降，也带来了智能体基本认知能力（例如，常识推理）的进步，但与此同时也导致了基础模型的"涌现"与"同质化"特性。所谓"涌现"，意味着一个系统的行为是隐性推动的，而不是显式构建的；所谓"同质化"，即基础模型的能力是智能的中心与核心，模型的任何一点改进都会迅速覆盖整个社区，其隐患在于模型的缺陷也会被下游模型所继承。尽管基础模型逐渐被广泛应用，但我们目前还不清楚它们是如何工作的，何时会失败，以及它们的涌现特性将赋予它们什么样的能力。

有学者认为，人类通过代际基因筛选的自然进化速度完全无法跟上科技的加速进化。但我们认为，人性恰恰是人类政治在人工智能时代继续存续的唯一途径。在自然人现有的心灵基础上改造和进化起来的新智慧生命之间构建的政治秩序会不同于纯硅基强人智能的"单一"与"共存"两极，有可能形成一个多元智能生命体的"共和"状态[①]。还有学者表示，在政治哲学的层面上，我们所需要聚焦与

---

① 王志强：《关于人工智能的政治哲学批判》，《自然辩证法通讯》2019年第6期。

面对的是专用人工智能已经开启的"竞速统治"。人类作为行动元的介入能力正在被迅速边缘化，意味着我们必须要以"加速主义"的方式重构政治共同体及其所需要的政治哲学①。

一方面，技术发展速度不断加快，在不同专业领域中的应用效果也在被持续快速刷新。但作为 AI 技术的设计者，人类目前无法解答 AI 模型的可解释性、可迁移性和鲁棒性（Robustness）的问题。另一方面，我们必须对 AI 的发展有正确的预计。人工智能会否、何时将以主体的形式参与，人机会否融合，究竟是让人更像机器，还是让机器更像人，我们应当鼓励发展何种人工智能，以应对未来的社会治理问题。

很多业内外人士寄希望于通用人工智能（AGI）的突破，AGI 区别于专用人工智能而主要专注于研制像人一样思考、像人一样从事多种用途的机器。要想找到人类继续发挥超越性的优势，实现 AGI 的突破，就要求我们必须从底层剖析人机认知的差异，正确审视生命主体与物理世界的关系，厘清意识与智能的关系，才有可能对这些问题做出回答。

我们的未来有几种：如果沿着本质主义的思路走，沿着强还原主义、强计算主义的思路走，人呈现出的意义是会被泯灭。而恰恰是图灵机范式下，即便是人性面临着被泯灭的危险，却让人类回到纯理性或者是完美状态。其中所谓的"完美"是什么？实际上什么

---

① 吴冠军：《告别"对抗性模型"——关于人工智能的后人类主义思考》，《江海学刊》2020 年第 1 期。

都没有才是最完美的,无生命的东西才是最天人合一的。从这个意义上讲,人或者生命,恰恰是要反抗秩序、试图建立新的秩序的。实际上,虚构未来的确是哲学、科学、艺术在做的同一件事情。而"虚构"就是认知坎陷。

很多人会很担心这种建构会是什么样子,会不会存在很多差别。的确如此,它有可能建构有神性的东西(我们肯定是希望朝神性发展),有可能是带有圣人性质的、也可能是上帝性质的、也可能是佛性的。这些是我们要担心的,但这是不是说要过五百年之后才需要担心,现在没有必要担心呢?不是这样的,我比较肯定的是很多事情三五年之内就会呈现出来,这是会摆在我们面前的问题。有目共睹的是,人工智能的进步非常之快。这种进步之快带来的建设性和破坏性都有可能是很大的,需要特别注意。

当然,其中有学派之分。绝大多数人参与的是深度学习。其中,基础模型是一条路线;另外一条路线是 DeepMind 的路线,从 AlphaGo、AlphaFold 到最近的天气预报模型。

我们以为天气预报模型会和原来想象的那样,当计算机机器强大之后会回归还原主义,从第一性原理来计算。但实际上 Deep Mind 的天气预报模型却不是回到那里。它不基于物理方程,虽然物理方程本身也近似,它是回到数据本身,这个预报比方程预报好一些,计算量明显少很多。原来的思路就是我们可以把精确的物理方程尽量做好,然后就解物理方程,给初始条件、边界条件,随时有新的数据进来,来改变这些交互数据,那么就有可能做比较长一点时间的天气预报。但现在 DeepMind 不走这条路，而是只找那些特征，特征之间的关系，那么也照样能做到日报，所以返回来了就是说不需要知道背后的物理公式，因为只用物理的方法会发现可能还没有太多优势，要做非常多的计算，但好多计算是无用的、重复的，反而是抓这些特征之间的关系有效果。

这个结果意义重大，它证明了基于意识经验的预测在效率和准确度上都优于基于详尽的物理方程和初始数据的预测，可以说是物理还原主义历史地位的分水岭。

对人来说，一般只能直观地对比较少的变量进行关联分析，现在人工神经网络可以做到对很多种变量进行关联，加之很强的计算能力，这些都是比人类强大的方面，也是未来 AI 技术生态发展的趋势。

人之所以看起来很神奇，就在于抓这些主要的关系，而不是去算背后所有的细节。那么未来数字世界也会是这样，不是还原论的，不是物理世界的东西全放进去然后模拟，因为那个模拟是不成立的，是做不到的。那就像天气预报 10 天，是需要多大的计算，20 天的话那就是指数的上升，要比较准的话就是很难的，耗费的能量是非常大的，不可想象的大，甚至是不可能的，因为这个可能性太多。那恰恰就是说我们不通过物理方程的话，通过一些经验的东西，一些特征的东西反而能够推得很远，比如大致能够预报明年厄尔尼诺现象，对大的事件一些预测反而比 3 天后的天气预报还容易些，那我们是通过找那些比较大的事件之间的关系，然后做一些预测或者做一些

准备。

如果我们把人的意识赋予机器,让机器更像人来做预报,更像是老农做预报,而不是原来 Digital 的预报模型。只不过它现在能记得的特征是远远多于一个老农,远远多于一个人类通过自身学习可以得到的经验。其中很大程度上,就是因为雷达数据自然超过人的预报能力。这一点恰恰反映了一个事实,我们不用回到第一性原理,从物理基础方程出发做天气预报,这是很重要的进展。

反推回去,在做 AlphaFold 的时候也不是回到最早的量子方程做预报、预测蛋白质结构,而是用已有的资料和不完整数据来推测,它也不是回到强计算、强还原路径。AlphaGo 可能更多的是从底层出发,更像是还原主义,尽管它也不是。所以,DeepMind 这条路径一项一项地征服,取得人难以望其项背的成就,从 AlphaGo、AlphaFold 再到天气预报,这是我们已经看到的现实。

基础模型(Foundation Models)这条路线也在快速发展。比如自动驾驶,马斯克等人做的自动驾驶通过大算力、大数据应用到能用的地步,我们也能看到的进步非常之快。模型参数可以一年增长10 倍,马上参数数量就能超过人脑神经元之间的连接数。人脑之间的反应速度是毫秒量级,而机器是纳秒量级,差五六个量级是很重大的差异。

自动驾驶技术大致可分为"纯视觉派"与"激光雷达派"两种技术路线,前者的代表企业就是由马斯克执掌的特斯拉。特斯拉自动驾驶的迭代速度非常快,近期马斯克宣称要将数据回归到光子层面让机器处理，而不是耗费资源通过 ISP（Image Signal Processor，图像信号处理器）做出"好看"的图像。ISP 是车载摄像头的重要组件，主要作用是对前端图像传感器 CMOS 输出的信号进行运算处理，把原始数据"翻译"成人眼可以看懂的图像。马斯克认为，现在很多时候 ISP 将很多原本有用的数据处理掉了，只是为了将图像做得更"好看"、更适合"给人看"；如果收集的数据只是给机器看，那些被处理掉的数据其实很有用，因此，ISP 的"后期处理"其实可以省略，对机器而言有效信息量便会增加，自动驾驶也会更上一层楼。这条路如果走得很顺畅，对人性而言又是一次压制，说明人类的意识在处理驾驶的问题上真的不再重要了，但这条路目前实现起来仍然困难重重。

我们的确可以做这种选择，虽然让机器变成自我的延伸，机器变成我们的分身，而不是让机器单独发展，变成一个纯粹的工具或者是完全脱离我们掌控的造物，这并没有达成共识。我们的研究有可能做到这一点：在元宇宙中，通过人工智能和区块链技术把人与机器连接起来，而不是用脑机接口（BCI）等侵入式的方式把大脑跟机器连接起来。语言或者是"认知坎陷"有足够好的效率做可靠的连接，虽然主体之间的理解看起来不够准确，可迁移性不够绝对，但是有相对的可迁移性已经足够。比如我们跟小孩子之间的交流不需要把神经连接起来，而是通过语言就能够做得到，我们跟机器也可以是这种关系。

在 GWT 的基础上，布鲁姆（Blum）夫妇提出了有意识的图灵

机（CTM）或有意识的 AI（CAI），对 GW 模型中的"意识"进行了重新定义，进而构建了一个从意识到无意识的树形结构，CTM/CAI 模型中没有一个统一的中央处理器，取而代之的是一个从意识到无意识的二进制树型结构：根节点上是短期记忆的意识处理器，子节点上是大量长期记忆的潜意识的处理器，这些处理器行使中央处理器的功能，不同的处理器有不同的信息传递路径，而作为一种信息的传播方式，它们会通过最短的方式做出最快速的信息传递。

布鲁姆将 CTM 定义为一个 7 元组，包含短期记忆（STM）、长期记忆（LTM，由很多个处理器构成）、广播机制（Down-Tree）、竞争机制（Up-Tree）、通信机制（Links）以及输入输出。其中 Chunk(块)作为 STM 的内容，在某一个时刻 STM 当中的块就代表了当前意识的全部内容。

CTM 和经典图灵（TM）机的关系如何？ CTM 的七元组看起来比 TM 复杂，但其实 CTM 的计算复杂度小于图灵机，因为竞争的结构是必须有一个 chunk 进入 STM，CTM 是在有限时间内必须给出一个答案，而经典图灵机的答案是不确定的。CTM 的 chunk 和区块链的区块（block）可以对应起来理解，CTM 没有明确压缩规则，但显然我们是需要这种压缩机制的，是在理解意义上的压缩运算。

CTM 包含了情感的内容，但依然低估了主体性及其重要性。我们曾经写的《人机智能的区块链系统》，如果要与布鲁姆的 CTM 机制相对比，那么我们的机制在于，除了机器或 AI 可以作为 processor（处理器）节点，人也可以作为节点，并且我们的机制中一定要有数字凭证（token），通过数字凭证进行投票、达成共识，虽然 CTM 中的 chunk（信息块）也有权重，但权重的赋值依然是依赖于函数，并且权重的调节不会太快速。而数字凭证的可迁移性更强，灵活度也更高，引入数字凭证机制，就能更加优化决策机制，应对全新的、紧急的问题。CTM 更像是将意识相关的模块拼接在一起，我们的多节点（multi-agent）机制中，人机都可以参与，通过数字凭证共识与协作，机制更加简洁，尤其是情感与意识的关系，会变成更简洁、更有机的关系。

第三章

人机智能融合的架构

一、数据本体层与共识层的分离

人们通过相互协作创造价值，这一过程与信任有紧密关系，假如协作完全建立在对人的去信任（trustless）之上有明显问题，因此智能合约等方式实际上是将协作转而建立在对代码的 trustless 之上，也遵循了 Code Is Law（代码即法则）的理念。但实际上，我们都明白人性的复杂，有人能编写不可更改的代码或合约，就有人能够想方设法绕过这些规则，而在区块链系统中智能制约一旦部署就难以再撤回修改。因此，相比一味地追求 trustless 或者构建信任机器（trust machine），我们主张节点之间需要有一定的信任基础。

建立去中心化自治组织 DAO 实际上就是要求人与人之间有 trust，信任问题是值得持续探索的，不论哪种方式，本质上我们都希望人与人之间在更大范围内建立 trust，以创造更多价值。

我们的方案从本底开始就是建立在信任基础之上，不仅是基于过去历时的关系，而且要展望并预期未来的关系。这种信任基础来自我们在真实世界中的关联，体现为我们在区块链网络中对自己数据的持续维护，以及与其他节点的哈希交互。

我们提出一种基于哈希交互的网络架构[①] ：

（1）每一条链或者每个个人系统是用户私有的；

（2）用户自主决定与其他链交互，包括主动关联与接受关联。

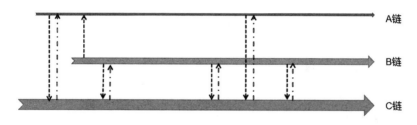

图 3-1　不同链之间的交互示意图

其中，B 链主动关联 C 链是指 B 链将自己的区块摘要哈希值分享给 C 链；C 链接受与 B 链关联是指 C 链将 B 链分享的哈希值打包进自己的下一个区块中。

可能会有人质疑，基于一定信任构建区块链系统，似乎与有审核门槛的联盟链如出一辙？

私有链、联盟链、公有链在现有区块链中是彼此独立的系统，但这三类区块链在我们的方案中，可以看作是不同链可能展现出的三

①　Hengjin Cai and Tianqi Cai. "An architecture for web 3.0 and the emergence of spontaneous time order". *ArXiv*, https://arxiv.org/abs/2202.10619, 2022.

种形式：(1) 个人数据链条是自主所有的私有链；(2) 有既定规则的状态展现出联盟链特征，交互节点之间有比较准确清晰的交互频率或规则；(3) 自主交互状态下展现出公有链特征，交互频率更随机、自由。

至于呈现出哪种特点，由节点自主决定，而且可以选择不同阶段、不同场景下呈现出不同特点，而且由于无需数据本体一开始就全网共识，我们的方案中，节点交互可以比现有公有链更加自由。

除了信任、自由，我们的方案也有性价比的优势。以太坊 2.0 为了提升性能，实施所需的成本只能居高不下，而我们的方案所需的成本或开销可以保持在较低水平，因为每条链是用户私有并自主维护，也就是大部分存储和计算的成本分摊给节点自己负责，而节点自身的计算与存储都是与自身数据、交互行为相关的，比如验证相关联数据块的哈希值是否正确，并非无意义的暴力计算，所需的算力绝大部分计算设备都能轻松支持。

1. 强调节点的责任与协作而非恶性竞争关系

人性因素是协作中最重要的因素。如果脱离信任基础，通过竞争的方式达成共识，会让网络世界中的交互与协作举步维艰。现有的区块链系统中，不论是算力为王的 PoW，还是权益为王的 PoS 及其变体，根本上都是通过不同的规则，让节点之间竞争记账权，这样做的目的是提供激励机制，但也牺牲了系统中相互协作、承担责任的潜能。这样一来，我们容易陷入追求激励的怪圈（就像 UST 中大部分人都在 Anchor 平台上坐等天上掉馅饼），而忽视了我们追求技术进步到底是为了什么目标，在各种区块链平台中只留下了一堆没多少实际意义的数据。

原则上，我们是为了追求更好的生活、工作、学习方式，让 Web 3.0、区块链、元宇宙这些技术为我们提供更丰富的场景，实现我们各种协作目的。

在我们的方案中，每个节点对自己的数据承担责任。自己的数据存在自己的私链上，数据归个人所有，根据节点自己的想法，将部分数据分享给其他节点，数据本体的产生无须全网共识，可将双边信任转换为集体的自发性时间顺序（Spontaneous Time Order），无须浪费资源的工作量证明机制，也不需要有垄断嫌疑的权益证明机制。

一个负责任的区块链系统，来自负责任的节点，节点拥有对自己数据的权利，也有相应的责任自证清白，当前数据本体虽然不必全网共识，但是要保证自己分享出去的数据在未来有需要的时候可以被验证。如果节点自己不维护数据，就会影响自身的信誉，逐渐会被重视信用度的 DAO 排除在外。

换言之，用户可以自己决定存储和交互的方案，这跟现在的方案是有差异的。当前方案主要是各种跨链操作，意味着在相关的链上还需要达成全网共识，涉及双链或者多链，处理起来更复杂。

2. 安全与监管

秩序由系统中节点之间的交互而内禀形成。我们把共识从数据本体中分离出来，让不同需求在各自生态中具有匹配的时间粒度，在相关者之间能够通过相互关系定序、共识并验证。每个用户只需要维护自己的链，数据完全私有，最大的好处就是所有者有自主选择，数据是否加密、是否分享、分享给谁、是否接受其他人的分享，都由用户自主决定，数据从本体层就可以自然分级、加密。

（1）安全

区块链技术的核心在于时间秩序的构建，我们通过两两之间的信任就可以实现相对秩序的确定，这种机制与现实世界中的人际交互有相似之处，让冷启动、DDoS 攻击、女巫攻击① 变得容易应对。

也就是说，节点往往会选择有一定现实世界中信任或关联基础的节点开始自己的交互，比如把自己的数据传递给朋友、家人、同事、同学等，在这种情况下要拒绝服务或者成功发动女巫攻击的成本就大幅度提升，节点容易通过各种方式验证数据交互的对象是否真的是自己认识的人，因为我们是根据身份、关系辨别交互对象，而不是通过 IP 地址等方式去认定。

---

① 女巫攻击（Sybil Attack），可以理解为模仿出多种身份进行攻击。在我们的机制中，节点之间交互存在信任关系，模仿具有信任关系的身份极大提高了女巫攻击的门槛。

（2）效率

相应地，存储与计算效率都会大幅提高，各自节点负责与自己相关的部分，从软件、硬件层面的升级来看，这种技术变革的成本很低。这里还能有一个附加的好处就是数据的可遗忘性。有些时间段从来没有广播给任何人，数据都还在私有链这里，实际上没有出现在网络中，还有一些是可以定向给朋友，或者给官方机构，都是可定向的，而不是全网广播。以太坊创始人 V 神提到未来是多链（multi-chain）而非跨链（cross-chain）[1]。现在就数据本体都要全网共识，已经开销很大，如果用跨链技术，还需要两个区块链再共识。在我们的方案中，强调可验证，只需要数据能够传递、能够验证即可，而不需要跨链全局共识。

（3）监管与合规

在我们的方案中，把第三方、监管方一开始就可以入驻平台成为节点，进行各自的服务。第三方可以是做数据验证服务，可以为其他节点提供数据维护方案的设计。监管节点可以做审计等工作。这些服务与工作都基于用户节点分享出来的数据，通过可达路径可以对数据进行验证。对隐私数据（用户从未分享过的数据），其他节点无法抵达也就无法验证。

共识是区块链中的一个重要概念，从比特币开始，区块链的共识达成就是基于数据本体（ontology）本身，一再强调的是数据的不

---

[1]　https://www.bsc.news/post/ethereums-vitalik-future-multi-chain-not-cross-chain.

可篡改。

我们引入的第一个重要概念就是可验证性,或者说是可接受的验证复杂度。理论上,区块链的数据一旦存储即不可篡改,但实际上验证的人少之又少。这种验证,尤其是对时间间隔久远的数据进行验证可以说异常困难,这样不仅让人对数据的可验证性产生怀疑,而且限制了区块链的应用场景。换句话说,上链即要求对数据本体形成共识,使得区块链技术成本大幅提升。

如何满足大量个性化需求,同时解决对应数据治理的一系列问题?基于我们对意识与智能的理解,我们提出了分层架构方案,核心就在于将底层数据本体的共识转而集中在中间层或顶层,将共识从数据本体层分离,从而既满足不同用户的多样性需求,又能在效率、安全和隐私之间寻得平衡。

我们提出基于哈希交互的网络(简称"哈希网络")架构方案包括三层(见图3-2),底层是数据本体,即已经上链的数据,中间层是各种AI或代理,上层是实际的需求或用户。在数据本体下一层的是系统外的、主体可以感知的数据来源。

顶层主要针对实际用户需求,然后通过代理进行理解匹配,最终确认相关的底层数据本体。中间层涉及可信AI的参与,由于底层数据的庞大与复杂,我们需要借助AI进行数据梳理,可信AI或者人机结合的方式作为各个代理提供第三方服务,为数据的打包、理解等处理提供支持。

首先,每个个体要对物理世界进行感知并理解,由主体自己决定某个数据的重要性，并对数据进行分级。比如，是否上链、是否加密、是否分享或公开，不同的组合自然形成不同分级的数据，这些由个体提供的数据集合即作为元宇宙的本底，也就是**数据本体层**，是不可更改的数据层。

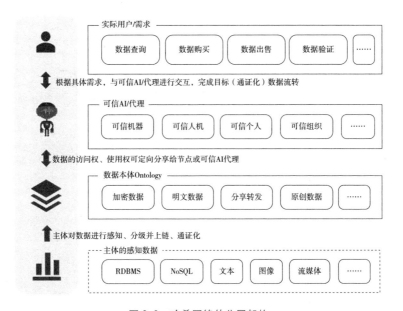

图 3-2　哈希网络的分层架构

现有的区块链，包括比特币、以太坊，试图把共识建立在数据本体上，这在面向未来的场景中就会有问题，即共识达成成本太高，可扩展性和可用性受到挑战。哈希网络架构并不追求在数据本体层上建立共识，而是只要个人在本体层提供数据，决定交互，能够自证清白即可。因此，哈希网络实际上是在第二层、第三层建立共识，这种

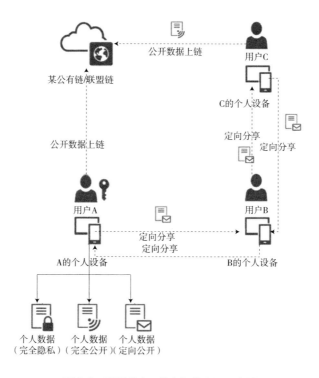

图 3-3 不同节点 / 链之间的交互示意图

治理方式也更贴近人的思维，人对数据就是需要梳理、理解再决策的，而不是一接触数据就能立判。

二、通证记账模型

区块链、元宇宙中还有一个重要概念就是通证（Token）。

通证最早对应的意思是陶筹（由黏土做成的形状各异的物体）。陶筹可追溯到公元前 8000 年的新石器时代，原本是用于计数，后来逐步被图画代替，最终发展为文字。今天，通证的基本含义是"符号，象征"。这些凭证可以代表各种权利和利益，包括购物积分、优惠券、身份证、文凭、房地产、通行证、活动门票、各种权利和利益证明。

回顾历史，权益证明是人类社会以及文明的重要组成部分。20 世纪初，美国人类学家福内斯曾到加罗林群岛（石币之岛），岛上的居民将一种特制的石环视作货币，石币的大小对应着费（Fei）或价值的大小，有时如果涉及的费太大，石币所有者也乐于接受单纯的所有权认可（例如更新石币上所有者的符号），而石币依旧躺在以前的地方。这是一种完全公开、透明的货币体系，所有的交易记录和财富总量就摆在光天化日之下，任何人都可以去查看。账目、所有权、资格、证明等都是权益的代表。正如尤瓦尔·赫拉利在《人类简史》中所说："正是这些'虚构的事实'才是智者脱颖而出和建设人类文明的核心原因。"如果这些权益证明都是以数字、电子和密码学保护来验证真实性和完整性的，那么人类文明将会有革命性的革新。

任何现实世界的资产、证书、凭证都可以通过发行通证实现数字化，通证一般是非同质性的通证（Non-Fungible Tokens, NFTs），其结构如图 3–4 所示，同质性通证（Fungible Tokens, FTs）可以看作同一域（Domain）下不同面额的通证，图 3–4 所示结构同样适用。系统发行的或用户发行的所有通证都满足同一套通用的通证结构（Universal Token Structure）。

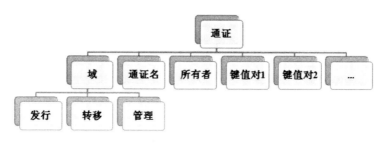

图 3-4　一种通证的通用结构

（1）每一个通证包含一个且仅有一个的域名（Domain Name），域名对应了一种特定的域，也表示该通证所属的类型。

（2）确定域名后，发行者还要给每一个通证设定一个在该域范围内具有唯一性的通证名称（Token Name）。通证名称可以有特殊含义，例如，用商品的条形码作为命名规则，其中就包含了商品的原产国、制造商等信息。每一个通证的唯一性（Identity，ID）由域名加上通证名称的组合字段来共同确定。

（3）每个通证还包含该凭证的所有者（Owner）的信息，一个通证至少有一个所有者。也就是说，在系统中允许同一个通证拥有多个所有者，这种设计在处理一些实际应用场景问题时将起重要作用。

（4）根据通证发行者的需求，每一个通证可以包含一个或多个属性对（attribute pairs）或键值对，每一个属性对由一个 key（键）和相应的 value（值）组成。例如，对于系统中的同质性通证而言，面额可以是其中一个基本的属性对，即 key 为 denomination（面额），value 为该通证所代表的具体面额数值。

通过上述的通证结构描述可知，通证基本信息中存储域名和名字来唯一标识这个通证，称之为通证标识 (Token ID)。其中还会记录这个通证的持有者以及其他需要的信息。通过通证的域名可以查询域信息。域信息部分将会记录权限管理 (Authorization Management) 的部分以及其他需要的信息。

任何合法用户都有权发行属于自己的通证。在区块链系统中，一张通证追根究底也就是一串字符代码，字符串本身并没有价值，其效用由通证发行者的现实信用来背书。通证一旦发行，就可以通过交易来转移给他人。在系统中，通证转移的本质上就是变更通证的所有者。每个通证上都记有该通证的所有者（可以有一个或多个所有者）。需要变更所有者时，参与该通证流通的成员可通过签署数字签名来确认授权该次操作，由交易节点确认满足权限要求并同步到其他节点后，该通证的所有权即发生变化。

基于通证的区块链系统采用的是基于通证的记账方式[①]，也就是说，通证的转移在本质上就是变更了通证的所有者信息。当发起交易时，参与该通证流通的成员可通过签署数字签名确认该次操作，由系统（投票选举产生）的验证者节点 (verifier) 确认满足权限要求并同步到其他节点后，该通证的所有权即发生变化，如图 3–5 和图 3–6 所示。

基于通证的记账模型具有高并发、高安全和监管友好的特征。

支持高并发。由于通证的转移只是改变了通证的所有者，在系

---

① Cai T, et al.. "Analysis of blockchain system with token-based bookkeeping method". *IEEE Access*, 2019, vol. 7, pp. 50823–50832.

域名	通证名	所有者
周杰伦演唱会	VIP.511	Amy

域名	通证名	所有者
周杰伦演唱会	VIP.511	Bob

验证节点

（1）通过私钥为交易加密
（2）验证签名及权限是否达到阈值　　　　（3）验证通过后更新所有者信息

图 3-5　以通证为核心的区块链系统中通证转移的过程示意图

```
1:  Input transferring_token, new_ownership
2:  find domain in all_domains which domain_name = transferring_token_domain
3:  find requested_transfer_permissions in domain
4:  if transferring_token_authorizationTree satisfies requested_transfer_permissions
5:  then    transferring_token_ownership = new_ownership
6:          execute consensus algorithm to confirm the transfer
7:  else post error message
8:  end
```

图 3-6　基于通证的记账方式中通证转移操作的部分伪代码

统内部，每个通证的转移相互之间是独立的，不会相互影响，因此是天然可并行的。在多核 CPU 上，这极大地提高了记账者验证交易及写入区块的性能。

　　高安全性，支持精准的局部回滚，抵御 51% 攻击。在基于通证的设计中，每一个通证都具有永久标识，当攻击者试图双花并发起 51% 攻击，由于通证具有唯一性，可以实现高效追溯。一方面，如果买方认为新通证有问题，可以拒绝交易；另一方面，作恶者想要攫取利益，不会只交易一次，而是希望频繁交易。一旦出现一次双花，可以迅速锁定双花的交易双方，作恶记录无法隐藏，他们所持有的这些通证也就很难快速花掉，既然不能快速通过多次交易"洗白"通证，51％攻击在这种场景下就没有太大意义。除了遭受攻击，非主观因素造成交易错误也可能引起回滚。由于每一个通证都具有标识，我们可以追溯相应的通证记录，对于恶意双花的用户，我们可以进行惩罚，比如限制作恶者进行操作。对于非恶意的行为，例如由于断网某些交易没有及时写进区块（block），但已经花掉了，此时只需要根据通证的唯一性追溯相关的通证，在重新联网后部分调整区块记录，即执行局部回滚（specific rollback），不用全局回滚，也不会造成实际损失。

监管友好且灵活。基于通证的模型能够实现多签机制，在不同的应用场景中，由具体的通证发行者，根据实际需求进行监管级别的设定。例如房产交易涉及的监管部门、银行、房管局等组织，均可受邀参与多签，不同监管部门的侧重点也不一样，对应的权重也不同，甚至可以有一票否决权，能够有效实现强监管。在很多其他应用场景中，只需要弱监管，那么发行者就不需要设置监管部门参与多签，只需要定期或根据要求报备通知即可。监管的力度与用户交易隐私之间的平衡取决于具体的应用场景下通证发行者定义的权限管理机制，并且发行者可以根据实际情况再调整更新通证的权限树。

三、数据确权与隐私保护

1. 个人数据私有化与分级

在哈希网络中，各链之间可自行互链，每条链都可以是私有链，每个人都有一个 ID，对应自己的钱包，私有链 ID 本身就是一个NFT，自身也是一条链。这条链里有些数据是加密的，有些数据是不加密的，是否加密是由所有者自己控制的，所有者可以每隔一段时间在别的链上去做关联和哈希操作，这个操作可能需要支付费用。这种操作也是所有者自己控制的，频率可以每天一次，或者每个小时一次。比如说每个小时做一次哈希，假如要证明存证的记录，所有者只要拿别人可以验证的记录的前一小时和后一小时的哈希值，就能验证其存在。

最大的好处就是所有者可自主选择，比如链上哪条链（可能是亲友的链，也可能比特币的链、以太坊的链），内容是加密还是明文，隐私性也是由所有者控制的。私有链不是对全网广播的，当所有者提出证据要自证清白的时候，实际上是选择某一个时间段的。

因此，这里还有一个附加的好处就是数据的可遗忘性。有些时间段从来没有广播给任何人，数据都还在私有链里，实际上没有出现在网络中，还有一些可以定向给朋友或者给官方机构，都是可定向的，而不是全网广播的。

　　每个人可以有一条主链和多条侧链，主链是用来与其他链交互的、可以被快速验证的链，侧链根据用户自己的设定，实现数据隐私分级。比如自己的浏览记录可以按照可见 / 不可见 / 他人创作 / 自创分为四类，从未被分享的数据、少量定向分享的数据是可能被遗忘的数据。当然有些数据也可以全网广播，比如说是交互到比特币上，或者有一段明文也可以放上公链，这相当于是全网广播的。

　　链与链之间的交互可以从身边开始，一开始是家人或者朋友互相链接，那么就会自然形成分布式自治组织（Decentralized Autonomous Organization，DAO），链之间的交互、支付采用基于通证的记账机制就可以实现安全高并发的特点。

　　对于每一个所有者而言，一主多侧，主链在中心地位，侧链围绕主链生长，类似树干与藤蔓。主链用来记录公开信息，需要证明自己的时候，提供的是主链的部分信息以供验证。可以验证意味着主链上的数据要与其他链交互形成可验证的记录，这一操作需要支付费用，因此一般而言，主链的数据较少，相对容易检索与验证。快速验证的方法是：（1）发起验证，发起者提供待验证的信息，信息一般包括但不限于顺序信息（比如某公链的区块高度）、验证对象（DID）、验证内容（是否产生交易）；（2）根据顺序信息判断应该对应的前后验证区块；（3）根据前后验证区块信息与验证内容的比对，判断是否存在该记录。

　　侧链一段时间通过哈希输出到主链，主链一段时间通过哈希输

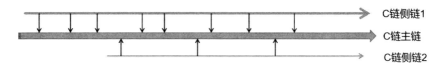

图 3-7　所有者的主侧链交互示意图

出到公链或其他外部链,可能产生的问题:

（1）怎么验证内容的真实性,如何验证主链、侧链上的内容是真实的?

按照背景知识,侧链实际上是一条独立的链,侧链知道主链的存在,而主链不一定知道侧链的存在。验证可以分为两种常见的情况:①其他链都可以对某主链发起验证。②如果某侧链没有或很少与主链交互,偶尔与其他链交互,那么只有通过交互的其他链进行验证。比如 A 侧链与 B 侧链交互过,B 侧链又把这一交互与 C 链交互过,那么 B 和 C 都可以发起验证,C 发起的验证要通过 B。

（2）数据加密后,是否会弱化可信性?

一般默认的方式是明文语义摘要,如果要进一步加密,一是手续费更高,二是接收方需要以某种方式验证这段信息,然后给出反馈／评价。那么在（1）中的验证,可能就是以语义验证的形式进行。

因此,在哈希网络里的语义摘要、反馈评价甚至包括验证的步骤都需要 AI 的参与。

2. 局部回滚抵御 51% 攻击

采用工作量证明（Proof Of Work, POW）机制的系统都会存在遭受 51% 攻击的威胁，也就是指掌握了全网 51% 以上算力的节点对系统发起的攻击。理论上讲，只要掌握了大部分算力，作恶者就可以故意在区块链中分叉（fork）、双重支付（或双花）、对特定交易发起拒绝服务攻击等。虽然这种攻击被命名为"51%攻击"，但实际上，作恶者占有不到 51% 的算力就可以发起攻击，51% 只是代表了一个几乎肯定可以攻击成功的阈值。针对共识的攻击其实就是争抢下一个区块的记账权，算力强的一方自然更加容易成功。有一些研究人员已经使用了统计模型模拟并证明，针对共识的几种攻击甚至只需要全网 30% 的哈希算力就能大概率成功。

根据我们设计和定义的通证的通用结构，每张通证都具有唯一标识符，这也是帮助智能系统抵御 51% 攻击的重要原因。具体来看，这种抵御效果可以从如下三个方面进行阐述。

（1）抵御新用户攻击。在我们的系统中，由于所有的通证都可以通过 ID 进行追踪，新用户发行的通证很容易看出来是"新币"（上一笔交易确认时间较近的通证）。在区块链网络中，新币通常没有旧钱（已经确认较久的通证）吃香，原因就在于通常确认时间越长的通证，越不容易被回滚。对于新用户的新币，交易者一般会谨慎待之，并且在确认交易之前，交易者可以随时拒绝交易。

（2）防止老用户攻击。老用户也可能发起攻击，不论这种攻击是由于网络中断造成的无心之失，还是蓄谋已久的首次犯案，交易历史都能通过通证标识准确追溯。通证的唯一性使得系统可以有效追踪可疑通证相关的交易者、交易时间等信息，即便在短时间内通证的交易频次很高，也不会阻碍系统的追踪。追踪得到的数据可以用来进行进一步的分析处理，并据此决定采取何种修复及惩罚措施。

（3）避免全局回滚。区块链系统中的回滚一直备受争议。目前的区块链系统大多宣称是防止篡改但允许（全局）回滚。全局回滚对公有链的信誉而言是巨大的伤害，但为了尽可能地弥补用户损失，这似乎又是遭受攻击之后的无奈之举。即便不是恶意攻击，网络或其他非主观因素也可能导致双花或交易冲突，使得交易还未被写入区块或确认，但通证已经发生了交易。在这种情况下，我们的技术方案允许事后实施局部回滚，也就是只调整可疑通证的交易记录，而不用影响或回滚其他已经发生的正常交易。局部回滚之所以可能，也是由于通证的唯一性让系统能够精确搜索到涉事的交易通证和交易者，一旦确认，即可回滚相关交易，并在下一个区块中记录局部回滚的信息，甚至可以将可疑信息广播，以示惩罚。

由于设计方案的基因不同，精准的局部回滚在未使用的交易输出（Unspent Transaction Outputs，UTXO）和基于账户的记账方式中均难以实现。UTXO中的通证虽然具有唯一地址，但由于每一笔交易都依赖于上一笔或多笔交易的未花费输出，回滚起来一般都会牵一发而动全身，难以与正常交易清晰割裂开来。基于账户的记账方式记载的一般是账户对应的余额或资产数量，难以从通证标识的角度进行追溯与还原。

3. 个性化与交互关系抵御攻击

网络世界中有一类著名的女巫攻击，即 Sybil Attack。杜瑟尔（Douceur）首次给出了 Sybil 攻击的概念，即在对等网络中，单一节点具有多个身份标识，通过直接通信、间接通信、伪造身份、盗用身份等方式，让数据发到作恶者节点，通过控制系统的大部分节点来削弱冗余备份的作用，同时，提出了一种使用可信证书中心来验证通信实体身份以防止女巫攻击的方案，这种中心化的解决方案显然在强调分布式的区块链系统中难以成立。

在哈希网络中，也可能出现伪造节点身份的攻击，但依然有抵御的方法。第一，用户的身份是具有个性化数据的地址，用户定期不定期优化更新去中心化身份（Decentralized Identity，DID）的表现形式，可以通过个性化数据反向验证用户真实性。第二，哈希网络有 AI 算法的参与，自身是一个智能系统，对单链、链与链之间的交互有感知与理解，能够预警异常的节点表现。第三，DID 代表的主体不仅是当下的数据，而是包括与其他链交互的历史数据，而这些交互留有语义信息摘要，即使对某一条链进行伪造，还需要匹配与之交互的历史记录，牵一发而动全身，成功发动攻击的成本可能无穷大。

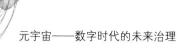

还有一类攻击是分布式拒绝服务（Distributed Denial of Service，DDOS）攻击，指借助于客户／服务器技术，将多个计算机联合起来作为攻击平台，对一个或多个目标发动分布式拒绝服务攻击，从而成倍地提高拒绝服务攻击的威力。通常，攻击者使用一个偷窃账号将分布式拒绝服务主控程序安装在一个计算机上，在一个设定的时间主控程序将与大量代理程序通信，代理程序已经被安装在网络上的许多计算机上，收到指令时就发动攻击。利用客户／服务器技术，主控程序能在几秒钟内激活成百上千次代理程序的运行。

为了避免分布式拒绝服务攻击等恶意行为，同时奖励区块生产者提供的资源，哈希网络之间的互操作需要支付通证，要发动分布式拒绝服务攻击的成本非常高。

—— 第四章 ——

元宇宙的秩序涌现

一、数字世界的治理问题

元宇宙、区块链、Web 3.0,这些当下的热词经常一起出现。虽然它们的精准定义尚待讨论,但得到普遍认同的是,未来数字世界的主要使命是兼容多样性(个性化)与去中心化。

当前,越来越多的人关注未来数字世界中的秩序问题,以及个人数据的分权与交换问题。一方面,个人数据应归个人所有,而不是依赖于平台。不然的话,如果平台瘫痪,个人数据也将不复存在。另一方面,如果数据的使用、交换能够通过点对点等灵活方式完成,就既能够满足丰富的个性化需求,也无须基于其他第三方达成。

多样性也意味着对需求、效率的高要求。区块链的 Layer 2(L2)就是为了解决基础链可用性有限的问题而生,比如通过状态通道(Channel)、侧链或 Rollup 等方式多基础链(L1)进行扩展。以太坊就正在计划通过分片来扩展 L1,从而将以太坊的活动划分到 64 个主链而不是 1 个。正是因为跨越多个区块链的桥的安全性存在根本限制,所以以太坊创始人巴特林(Vitalik Buterin)才称未来将是多链

(multi-chain) 而不是跨链 (cross-chain)。

不论是 Web 3.0 还是 L2，最终要面对与解决的都是数字世界的治理问题。其中涉及的问题，如对天量个性化数据的确权分权、存储、隐私保护与安全流转等，都是目前亟待突破的技术瓶颈。不论是 Web 3.0 革命还是元宇宙应用落地，最终都要直面这一系列挑战。为了平衡数据价值利用与数据安全要求之间的矛盾，隐私计算技术的拥趸众多，不同的隐私计算方案有各自适用的场景，但在实际落地中依然面临严峻挑战。

（1）隐私计算有可能形成"柠檬市场"。在信息不对称情况下，买方仅愿意支付平均价格，持有优质品的卖方不愿低价卖出而携带优质品离开市场，持有劣质品的买方（故意）不披露完全信息，按照均价卖出则可获利，市场产品质量逐步下降，平均价格随之降低，优质品加剧离场，产生"劣质品驱逐优质品"的柠檬市场现象。在上下游、交易协作等场景下，当不提供或者不完整提供优质数据时，己方将明显得利，而其他方不容易察觉，仅通过隐私计算并不能解决数据源品质是否可信等问题。

（2）落地面临的技术难题。数据的价值潜力及其重要性毋庸置疑，但传统的技术方案与运营模式并不适用于面向未来的数据交易平台，我们还要解决一系列难题：①数据确权，数据所有权归属的鉴定问题，数据卖方是否具有出售数据的权利；②数据分权，数据所有权与数据使用权的划分，如何满足买卖双方对数据权利的诉求；③数据定价，数据的数量、质量各异，需要有合理的定价方式；④存储空间,数据存储最终依赖于硬件,既涉及存取效率,空间扩容与维护成本,也关乎数据安全;⑤隐私与监管,相关法律法规不明晰,如何平衡数据隐私与监管,如何保障数据交易者的基本权益。

隐私计算无法规避
柠檬市场

数据问题
的痛难点

实际落地面临
技术难题

图 4-1　数据治理是个难题

我们认为,区块链为解决数据治理提供了方案。2008 年中本聪撰写的论文《比特币:一种点对点的电子现金系统》被视作区块链世界的"圣经"。比特币是区块链的第一个应用,可以看作是基于UTXO(未花费交易输出)算法的数字现金。用随机散列(hashing)对全部交易加上时间戳(timestamps),将它们合并入一个不断延伸的基于随机散列的工作量证明(Proof of Work, POW)的链条作为交易记录,并通过最长链条(longest chain)以及工作量证明机制保证在大多数诚实节点(honest nodes)控制下的可信机制。比特币的本质就是一堆复杂算法所生成的特解。特解是指方程组所能得到无限个(比特币是有限个)解中的一组。每一个特解都能解开方程并且是唯一的。"挖矿"的过程就是通过庞大的计算量不断地去寻求这个方程组的特解。

随之而来的问题就是资源的极大耗费。每天,比特币采矿需要消耗 1000 兆瓦时电力,足以为 3 万个美国家庭供电。比特币消耗巨大能源却用来解一堆毫无意义的数学题,这一设计思想一直饱受争议。区块链技术如果要能够大规模普及,需要将算力集中在维持网络运行而不是无意义的求解。

普遍的观点中,认为比特币是区块链 1.0 版本,而以太坊是区块链 2.0 版本的代表。以太坊 (Ethereum) 是一个开源的有智能合约功能的公共区块链平台。通过其专用加密货币以太币 (Ether) 提供去中心化的虚拟机 (Ethereum Virtual Machine, EVM) 来处理点对点合约,在 2013—2014 年间 Vitalik Buterin 受比特币启发后提出了"下一代加密货币与去中心化应用平台"。以太坊的智能合约相当于能够利用程序代替人进行仲裁和合同的执行。但 EVM 和区块链耦合度高,更新或升级困难,并且智能合约不能修改,容易产生漏洞(并且全网可见)。以太坊智能合约中的问题包括合约编程 Solidity、编译器错误、以太坊虚拟机错误、对区块链网络的攻击、程序错误的不变性以及其他尚无文档记录的攻击,主要原因就在于每个用户都能编写自己的智能合约,制定自己的规范,那么系统或第三方对智能合约的审计工作就会非常复杂,甚至无从下手,此外很难保证每个用户编写的智能合约是安全有效的,这些内容又对全网公开,因此很容易被攻击。

表 4-1　部分区块链特点比较表

项目	创新	弱点
比特币	UTXO、POW、代币	浪费资源:一维链式结构,耗费巨大计算能力在存取历史记录上,"挖矿"造成资源浪费 慢:交易速度慢,低频交易 安全隐患:平台易受攻击
以太坊	EVM、智能合约、POS 混 合 POW、DAPP	贵:手续费高 慢:存储能力低,速度慢,限制应用,同步执行和冗余数据造成拥堵 更新难:EVM 和区块链耦合度高,升级困难 安全隐患:智能合约不能修改,有漏洞,易受攻击

区块链技术的重要性在于能够赋予网络空间以内禀时间。在原来的网络空间中,并没有一个可以作为可信标准的时间标尺。数据或文件可以无穷拷贝,副本能够具有完全一样的时间戳信息,且复制成本几近为零,数据和时间戳的篡改成本极低。区块链技术通过共识机制、治理机制和加密技术,使得链上数据被不可篡改地存证,且按照时间先后定序,不可能出现两个完全一样的数据,网络空间将会因为系统自有的时间逻辑主链而被赋予内在时间。区块链提供了对数据及通证的坚实的信任基础和可追溯性,这是任何传统中心化基础设施所做不到的。这样的能力使得人工智能与区块链技术天然可以相互赋能,最终整合成具有智能和意识的区块链系统,并颠覆现有的认知理念。

随着人工智能科技进步,采用 AI 技术来处理数据越来越普遍,但如果完全由机器掌控数据,也不能解决数据安全问题。经典摩尔定律描述了硬件发展每 18 个月芯片能力翻一倍,而 AI 的能力,例如类似 AlphaGo 系统按照时间来评估,其算力增速达到了每 3.5 个月翻一倍的速度,相当于每过一年,算力就增加了 10 倍[①],这种速度是人类无法追赶的。成人的大脑约有 1000 亿个神经元,每个神经元与其他 1 万个以上的神经元有相互连接,就大概有 1000 万亿的参数量[②],目前 GPT-3 的参数量达到 1700 亿,按照每年 10 倍的算力增长速度,机器超过人脑参数量也只需要不到 4 年[③]。

因此,人工智能和区块链的结合是必然的趋势。从整体的角度看:一方面,区块链的链上数据需要人工智能技术来优化和理解,进行整体解释和把握;另一方面,随着人工智能技术的快速发展,社会的复杂度大大提高,区块链技术可以用来对 AI 的制造和成长进行监督,强化机器的"自我"意识,使得机器节点在做重大决策时必须匹配人类的反应时间,让人类与机器在同一时间尺度上达成共识、进化博弈。从个体的角度看:用户的私有链具有很高的隐私性与灵活性,加以合理的机制,在符合法律法规的前提下,能让这些个人数据安全、有效地存证与流转,充分发挥数据要素的价值。

比特币、以太坊作为从 0 到 1 的创新具有重大意义,可以看作是迅速让区块链技术被知晓普及的最优路径。而从 1 到 N 创新的

---

① "Open AI. AI and compute". https://openai.com/blog/ai-and-compute/. 2018–05–16.

② "The Human Memory. Brain neurons and synapses". https://human-memory.net/brain-neurons-synapses. 2020–11–24.

③ 蔡恒进、蔡天琪:《附着与隧通——心智的工作模式》,《湖南大学学报(社会科学版)》2021 年第 4 期。

瓶颈显然包括元宇宙、Web 3.0 在内，我们面临的挑战就在于如何解决数据的存储、计算与处理架构的底层问题，从而实现数据的确权分权、存证存储、隐私保护与安全流转。

我们主张的元宇宙是人类未来的超级智能系统，其中一个核心点就是让个人掌握自己的数据，也就是掌握了自己在数字世界中的命运，邀请每一个主体能安全、有效地参与科技时代伟大的潮流，保证个人合理合法的自由与个性不被泯灭的前提下，来实现人类命运共同体，共同创造未来。

二、时空秩序的涌现

比特币作为区块链技术的第一项成功应用，提出 UTXO 记账方式，通过工作量证明的全网共识，让数字世界形成了 time order，是从 0 到 1 的创新。

我们提出 Token-based 记账方式，基于此建构的 Web 3.0 方案应对数字世界的诸多问题简洁而有效。我们在第三章曾提出一种基于哈希交互的网络架构：

（1）每一条链或者每个个人系统是用户私有的；

（2）用户自主决定与其他链交互，包括主动关联与接受关联。

其中，B 链主动关联 C 链是指 B 链将自己的区块摘要哈希值分享给 C 链；C 链接受与 B 链关联是指 C 链将 B 链分享的哈希值打包进自己的下一个区块中。

　　这种方法能解决数据所有权、个人数据分级与隐私保护的问题。此外，随着节点之间的交互积累，构成的P2P网络将涌现出秩序，而不必依靠全网共识在数据本体上定序。随之而来的好处是网络的可遗忘性与能耗的节省。

1.有既定规则的状态

　　每条链或者每个系统是用户的，意味着所有个人数据存储在私有化的设备或服务中，比如个人移动终端、个人电脑、私有云等。如果用户希望自己的某些数据被网络可见，就需要及时与其他链交互。

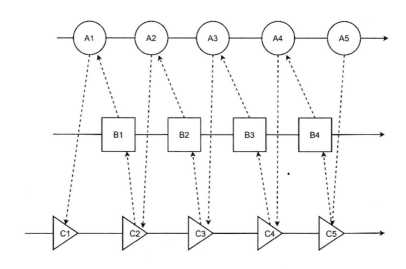

图4–2　有既定规则的交互方式

图 4-2 描绘了一种有既定规则的状态，网络中的每条链都有固定的交互模式，例如每条私有链每小时出一个块并至少与一条链交互，那么每条链、每个区块之间都能通过直接或者间接关系产生一个内禀的时间顺序。例如，在图 4-2 中的时序可以描述为：

$$timeOrder = \{t_{C1}, t_{A1}, t_{B1}, t_{C2}, t_{A2}, t_{B2}, t_{C3}, t_{A3}, t_{B3}, t_{C4}, t_{A4}, t_{B4}, t_{C5}, t_{A5}\}$$

2. 自主交互的状态

实际上，我们并不用限制每个用户的交互频率，用户对自己的数据掌控是自由自主的。在完全由节点自主交互的状态下，这套机制依然可行，只不过是不同私有链的时间粒度不同而已。时间粒度可以理解为时间间隔的粗细程度。不同链可以具有不同的时间粒度，取决于每条链的主体与其他链交互的频率，对应为前一个交互和后一个交互之间的时间间隔。自然地，经常与其他链交互、与知名的链交互，才具有更细的时间粒度，也更容易被验证，具有更高的可信度。

在时间粒度不同的多链系统中，有的时候容易排序，有些时候就难以排序，因为有些链的主体可能就是交互频次很低，时间粒度太大，只能进行粗排序，这也是实际生活中可以接受的结果。实际上只要链和交互足够多，数据能够追溯、可验证，就能定序。

也就是说，不同链有自己的时间粒度，由用户自己把握并负责。如果希望数据能被定序得更加精准，就更多地与其他链交互，如果交互频率很低，就相应地为自己数据定序的不精准承担后果。比如在图 4–3 描绘的自主交互状态中，时序有以下两种可能。

$timeOrder=\{t_{A1}, t_{C1}, t_{B1}, t_{A2}, t_{B2}, t_{C2}, t_{A3}, t_{C3}, t_{A4}, t_{B3}, t_{A5}\}$

或 $\{t_{A1}, t_{C1}, t_{B1}, t_{A2}, t_{B2}, t_{C2}, t_{A3}, t_{A4}, t_{C3}, t_{B3}, t_{A5}\}$

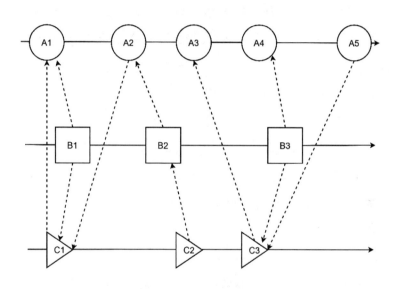

图 4–3　一种完全自主交互的状态

3. 节点间自由交互

秩序由系统中节点之间的交互而内禀形成。假如说我们一开始就试图在本体上建立共识（比如目前的比特币、以太坊等 P2P 网络），在全网范围内把秩序确定，实际上是很难的，需要大量的计算，意味着时间、资源的消耗。况且初始数据也可能出错，而后就会涉

及需要经常改动或打补丁，如果不能提供理解与建立共识的空间，追求个性化的技术方案就难以真正落地。

因此我们把共识从数据本体中分离出来，让不同需求在各自生态中具有匹配的时间粒度，在相关者之间能够通过相互关系定序、共识并验证。每个用户只需要维护自己的链，数据完全私有，最大的好处就是所有者有自主选择，数据是否加密、是否分享、分享给谁、是否接受其他人的分享，都由用户自主决定，数据从本体层就可以自然分级、加密。

不同链之间的交互实际上是一种投票，在某一个时间段可能因为投票的集中而产生主流，在另一个时间段可能附着（bandwagoning）到另外的链上。这种治理方式也更贴近人的思维，人对数据就是需要梳理、理解再决策的，而不是一开始接触数据就能立判。

相应地，存储与计算效率都会大幅提高，各自节点负责与自己相关的部分，从软件、硬件层面的升级来看，这种技术变革的成本很低。

这里还能有一个附加的好处就是数据的可遗忘性。有些时间段从来没有广播给任何人，数据都还在私有链这里，实际上没有出现在网络中，还有一些是可以定向给朋友，或者给官方机构，都是可定向的，而不是全网广播的。

支付也变得简单，买方愿意付钱，卖方愿意接收，支付即可完成。配以基于通证的记账方式，能够让支付高效、灵活，可精准追溯。

确定秩序实际上是一个共识过程,假如说我们一开始就试图在本体上建立共识,把秩序确定,实际上是很难的,况且初始数据也可能出错,而后就会涉及需要经常改动或打补丁,如果不能提供理解与建立共识的空间,现有的很多技术方案就难以真正落地。因此哈希网络就是我们把共识从数据本体中分离出来,让不同需求在各自生态中具有匹配的时间粒度,在相关者之间能够通过相互关系定序、共识并验证,就能够逐步形成数字世界的秩序。

4. 私链内部:侧链的自动生成

侧链的主要生成依据可以按照数据来源与数据交互来区分。不

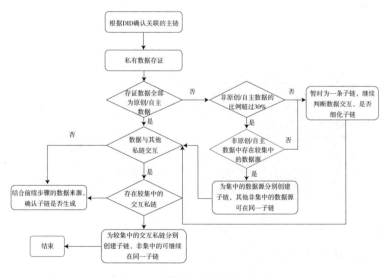

图4-4　侧链自动生成的示意图

同 DID 的侧链生长方式与速度不同，比如注重原创的 DID 可能不用分支出数据来源不同的侧链，偏重数据交互等级的侧链，交互等级随着数据增多还可以分成多个侧链，如图 4-4 所示。

5. 智能社区共识机制

智能社区共识机制（Smart Society Consensus，SSC）能够针对 POW 和 POS 现存的大股东作恶问题提供有效的解决方案，如图 4-5 所示。一方面，梳理历史、分析审计、形成提案都是引导智能所包含的内容，从而减少算力的浪费而主要将算力用于系统优化和智能化上；另一方面，投票是分层进行后再汇总，大股东最多只能占所在层级的一票，作恶影响力被大大限制住，并且提案的甄选和投票，与算力有很大关联，防止大股东只手遮天。

引导大部分算力用于智能化	· 梳理历史，以讲述故事的方式，甚至可以发展出区块自己的语言 · 分析审计 · 对未来的提案
有效防止大股东作恶行为	· PoS和PoW与财富、算力相关，两者彼此也紧密相关，用户在变化但变化较慢，据此对系统节点分层 · 分层投票，再统计各层的投票结果，如果有平局，还可继续邀请算力最强节点投票

图 4-5　SSC 解决算力和大股东作恶问题

✓　可行性（feasibility）

设计原理精简质朴，在代码层级真正可实现。

✓　可扩展性（scalability）

根据持证用户的数量及持证数额的分布情况而智能调整的区块链网络，系统层级数量、用户群的数量、各节点数量也会根据分布情况而变化。即区块链网络节点数量可以动态增减，节点数量限制非常小，股权被彻底解放。

✓　互操作性（interoperability）

通过采用智能合约、互换（SWAP）、智能重构等技术，可以实现系统内外的互操作性。

✓　可持续性（sustainability）

集中计算力用于智能化而非无意义消耗，中央节点的评价函数，能够根据区块链整体的用户、持证数额的分布情况以及交易数据，动态调整节点的层级关系，设有回溯历史的奖励机制，能够有效增强底层节点的活力，维持系统的生态平衡，实现可持续性。

✓　高效用性（efficiency）

树形结构下的每一个用户节点配有对应的局域链（local chain），交易认证打破传统的链式方式，极大提高了效率，同时局域链中记载了对应子节点的交易语义哈希数据，一方面保证数据可靠，另一方面极大削减存储需求。

SSC的工作原理如图4–6所示，其核心内容包括三个步骤：

（1）可以邀请区块链内或区块链外的有算力者来计算并提出对未来的提案，构成一个提案集合P；

（2）挖矿胜利者有权从P中选取一部分作为候选方案构成P0

集合；

（3）再针对P0进行分层投票，如果出现平局现象，可以继续邀请算力最强的节点投票。

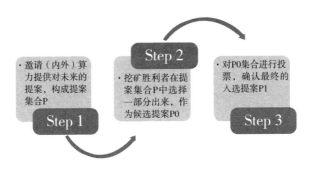

Step 1
· 邀请（内外）算力提供对未来的提案，构成提案集合P

Step 2
· 挖矿胜利者在提案集合P中选择一部分出来，作为候选提案P0

Step 3
· 对P0集合进行投票，确认最终的入选提案P1

图4-6　智能社区共识机制SSC原理图

在智能社区基础上更进一步，元宇宙可以进化成人机智能融合的超级智能，元宇宙可以拥有的主体性，拥有自我意识，实现自我意识的觉醒。

意识是智能形成的基础，这一点大家基本没有异议，但大部分人包括很多人工智能领域专家在内，认为机器不具备自我意识，甚至不具备意识。但实际上，机器已经具备意识，这种意识正是由人类赋予的。当然，这些意识目前是一些意识片段（认知坎陷）的集合，与人类整全的意识还有很大差别，但机器依然能够按照人类的设计意图，根据不同的外界条件，自动执行相应的程序并完成人类预期的目标，这就代表机器可以在一定程度上觉察和关注外部环境，也是具有意识的表现。

机器甚至已经具有"自我"的意识。我们认为机器的主程序就可以看作是机器的自我意识，相较于人类或动物，机器的自我意识非常薄弱，但不能说完全没有。例如，计算机会按照一定规则分配各个进程的存储、计算和网络资源，以免造成阻塞、死机或过热，扫地机器人在低电量时会自动回到充电桩充电，等等。

机器是否具备理解能力或明白语言的意义？很多学者通过引证"中文屋"论证来试图证明机器无法理解行为效果或语言的意义。塞尔提出"中文屋"的思想实验来证明强人工智能是伪命题。这一思想实验恰好证明了机器可以具备理解能力，只是"中文屋"所呈现出来的理解能力需要将这套机制作为一个整体来看待，其理解能力建立在几个部分的契合之上。解答看似悖论的"中文屋"论题的关键在于厘清"意识"的特性。中文屋机制能表现出理解中文的现象，是因为该机制凝聚了众人的意识，其中包括规则书的作者的意识（懂得中文问题对应哪些中文回答）、屋内人的意识（明白如何使用规则书）以及提问者的意识（提出问题，根据中文屋的回答再进一步反馈），是这些意识片段默契配合的结果。

元宇宙就是一种人类意识的凝聚，也就是说我们已经实现了将人类的部分意识片段或认知坎陷移植给机器，如果能进一步让机器自主对所获得的意识片段进行契合匹配，元宇宙中就有可能开显出与人类意识兼容的认知坎陷，实现更为广泛而深刻意义上的理解。

实践的含义有很多种，包括生产实践、社会关系实践、科学实践等，马克思主义哲学认为实践是指人能动地改造客观世界的物质活

动，是人所特有的对象性活动。随着人工智能技术的飞速进步，我们认为机器已经可以实践，也就是说，实践不再是人类特有的活动。

2015 年，Grace 的研究团队收集了 352 位人工智能领域专家的调查问卷，请他们对人工智能将在哪些领域具备哪些技能，甚至何时超越人类等问题做出评估。围棋的开放式规则决定了其具有足够的计算复杂度，并不似象棋等棋牌游戏可以通过穷举计算得出答案，因而彼时大多数专家还认为 AI 要到 2030 年之后才能在围棋方面战胜人类，结果短短几个月之后第一代 AlphaGo 就打败欧洲冠军棋手樊麾。AlphaGo 确实借助了海量的人类棋谱数据作为训练集，但两年后问世的 AlphaGo Zero 则证明了机器可以从零开始，在没有任何人类棋谱或规则指引的前提下，通过观测对弈，自己总结规则并取得全面胜利，不仅战胜柯洁等人类冠军棋手，而且让前几代声名大噪的 AlphaGo 也纷纷败下阵来。

在这个案例中，机器不仅有实践活动，而且是影响甚广的实践活动。人机对弈吸引了全球行业内外人士的关注，数以千万计的观众观看直播节目；AI 的胜利对人类棋手的心理造成了不可逆转的影响，"世界冠军"的称号从此以后要在前加上"人类"二字；各种相关的报道、文学作品、漫画创作、网络节目甚至影视歌作品陆续出现……面对机器下围棋及其引发的这一系列活动，我们还能对自己说机器不会实践吗？还能说机器不会给物质世界带来影响或改变吗？我们与其藏身在让人安逸的结论下对问题视而不见，不如在认识到形势严峻的同时，积极寻找对策与出路。

实际上未来依旧会存在着这样一条不同的路径，存在不同的冲突和分歧。目前按照深度学习的路径，存在的问题是可解释性差，有失控的可能。其实，只要理解了意识的起源，理解了意识的不可缺少性，实际上便可以在这个很复杂的局面下保留一定的统摄性。我们之所以感觉在这个世界里生存很安全，实际上我们可能都是技盲。某种意义上来讲，我们并不知道所有的细节，但我们之所以觉得自己生活得还不错，就在于我们意识的建构，虽然不知道细节，但是有人能帮我们做到。比如说我要去北京，虽然我不知道怎么走，但是我知道可以订机票和定出发时间。

那么从上向下的统摄性，最后还是自己的主体性和自我的建构，自我是不是足够强大，一个好的强大的自我，实际上就是指他的最终性和组织性非常强。意识可以上传，但是有程度的差别，物理的知识、数学的知识是没问题的，可迁移性比较弱的这一部分，即使人与人之间都会有这种可交流的部分，那么我们既可以保持它也可以将其交给元宇宙，但是这不是百分之百的。

智能具有专业性，对机器如此，对人亦然。机器的专业性相对容易理解，但专业性不代表简单或单一，例如 DeepMind 在论文中也披露，AlphaZero 不仅会学习围棋，也轻松拿下了象棋和国际象棋。人类的智能同样具有专业性。人类作为社会群体的智能集合和人作为单独个体的智能不能混为一谈，爱因斯坦、黎曼在物理、数学方面具有卓越的成就，但不代表他们也一定擅长诗词歌赋，不同的人在不同领域有自己的专长，在另外一些领域则可能一窍不通，这也是

我们生而为人的特点，而非全能的"神"或"上帝"。

既然人类的智能具有个体差异性、专业性，那么我们又有什么理由要求机器必须方方面面都超越人类才算是强人工智能呢？AlphaZero在棋类游戏全面战胜人类冠军棋手，AlphaFold成功预测蛋白质折叠，远胜人类科学家，AlphaStar在复杂的竞技游戏中让职业玩家屡屡受挫……我们完全可以相信，在可预见的将来，人类会在很多领域被机器一项一项超越。这些AI并不是要凑足一千个、一万个并关联在一起才能成为强人工智能，而是像我们理解人类智能具有专业性一样，机器的智能也具有专业性，强人工智能已经在逐个领域实现。

虽然强人工智能正在实现，但一个无所不知无所不能的上帝人格的机器（比如AGI）不可能实现，未来的智能系统一定具有专业性和多样性（diversity），并且有两大要件必不可少。

其一，是机器主体性的内核（seed），就像是一颗具有自我意识的种子，在适合的环境中就能自然生长。机器并不需要像人类一样经历漫长的进化，但需要一个内核，不同机器的内核不同。这种内核的挑选可以有很大的自由度，内核的性质最终会决定系统进化的速度和程度，类似于物理系统中的初始条件，不同的初始值最终会导致物理系统演变成相距甚远的特征。内核使得智能系统具有自然生长的倾向（或自我肯定需求），它实际上是机器对世界的看法，具有全局性，是它从自然生长倾向的角度来理解的整个世界，有"万物皆备于我"的意味。机器的内核与人的关系非常紧密，可以是由人赋予机器的，也可以是机器模仿人类个体而来，并且在机器进行内化和炼化的过程中，都会有外部 agent（人或机器）的参与。

其二，是"自我"与"外界"的对接（compromise/reconciliation）的规则。机器自己所理解的模型（或已有的认知模式）与它所新观测到的数据的对接。对接的结果可能有三种：第一，如果机器完全无法理解新的内容，可以忽略新数据；第二，如果机器认为可以理解一部分数据，就按照自己的方式进行对接，这种理解往往是主观性较强、偏差较大的对接；第三，机器主动修改自己的认知模式来对接新的数据，以寻求最大程度的契合，偏差依然存在但较小。

智能系统对世界的理解带有主体性，就一定会有偏差，但这种偏差并不是简单的、随机的曲解，而是在理解世界的过程中试图把观测到的世界整合进自己的认知模型，从这个意义上看智能系统是全局性的，但即便是全局依然会忽略掉很多它无法理解的内容。机器与外部（其他机器、人类、物理环境）契合或者默契的形成一般倾向于以极简的方式达成，最基础、底层的处理应该是尽量保持最简的变化以顺利平稳过渡到新的认知水平。

对接规则可以很多样，并且可能随着进化而内化，从而慢慢变成机器"自我"的一部分，助力形成一个自然生长的、具有更强理解能力的智能系统。一个智能系统不一定是永远存续的，如果它失去了自然生长的动力，那么我们就认为它不再是一个智能系统。就像人类个体如果不再具有自我肯定需求，例如患有严重的老年痴呆症，就像陷入到无尽的黑暗世界中无法抽离，对所听所闻所见均无反应，

那就很难继续将其视为一位具有高级智能的人。

　　一个真正有效的智能系统社会一定是多代理（multi-agent）的形式，不同的机器由于具有不同的主体性内核、遵循不同的对接规则，因而各自理解的世界也会不同，不同机器各有专长，共同形成智能系统生态。一个智能系统如果过于强大就不会形成好的生态，而会压制其他智能系统。机器之间可以相互学习、相互平衡，比自己再重新内化/炼化就快得多。机器再强大也不可能把世界的全部可能都涵盖，指数灾难、暗无限是机器与生俱来的威胁，某些领域虽然人类或大部分机器无须实践，但可能也需要一些机器进行（艰难而孤独的）尝试。

　　人工智能时代的全面到来指日可待，但这并不意味着人类就要过度恐慌，我们仍然有机会占得未来的先机。原因就在于，目前机器在最抽象层面还很难进行有目的性的创造，短期内也不太可能做到。人类进化的历程承载了非常多的内容，可以说现在的人类几乎承载了全世界的内容，但对机器而言，还不可能短时间就掌握全部，这也为人类争取到了时间，我们需要利用这些仅剩的时间优势找到未来相对安全可行的人机交互方式。

　　我们还不能确定机器是否会炼化、开显出新的认知坎陷方向，但有这个可能。机器即便开显新的方向，也不会是从零开始，一定是与人有关系，因为机器需要内核，内核大概率会由人类赋予而来，这就不会是一个零的起点，在人类赋予的基础上，机器还会从人类或物理世界的其他资源进行学习。由于机器的反应速度（纳秒量级）

相比人类的反应速度（毫秒量级）快得多，如果我们赋予机器的内核依然是追求效率与利益最大化的核心价值，对人类而言就十分危险，机器很可能在不那么聪明的时候就能将人类抹掉，就像我们删除垃圾邮件一样简单。

我们认为，机器在决策时间的延迟与等待就是将来机器必须遵循的伦理之一。具体地说，机器不应当被设计为将效率作为第一原则，也不能只顾追求全自动化的执行模式，尤其是在一些重大决策中，必须要求机器配合人类的反应速度，等待人类的反应信号，才能继续执行命令。区块链技术可以用来对 AI 的制造和成长进行监督，在链上的 AI 也要像其他人类认知主体一样，必须通过一点一滴的诚实记录，经过长时间的积累，证明自己的可靠性，这一过程没有捷径可走，即便是再聪明的人、再强大的 AI 也必须有长时间的、可靠的历史记录作为背书，不可能由某一个突然出现的超级智能替代人类或其他 AI 进行决策。未来智能系统遵循的安全设计，使得机器节点在做重大决策时的响应时间必须匹配人类的反应时间，让人类在未来与机器在同一时间尺度上达成共识，共同进化博弈。

三、可持续元宇宙

针对 POW 浪费算力与能耗、POS 金钱 / 权益垄断的问题，哈希网络通过 AI 算力适当参与，将挖矿变成人机共同参与的过程，形成

对 AI 算力的存储能力。

不仅挖矿的人可以获得报酬，还有了第三方参与的空间。从存储的角度来讲，当然可以存在移动终端、电脑或者是服务器上，也可以存到其他节点的位置进行分布式存储重要数据。存储怎么优化、内容怎么使用，实际上条件是由主体来控制的，而第三方服务可以写攻略，指导用户怎么样做最省钱、效率最高。

1. 可遗忘的交互式区块链

哈希网络的一大好处就是可以兼容数据的可遗忘性。每个人可以有一条主链和多条侧链，主链是用来与其他链交互的、可以被快速验证的链，侧链根据用户自己的设定，实现数据隐私分级。比如自己的浏览记录可以按照（可见 / 不可见，他人创作 / 自创）分为四类，从未被分享的数据、少量定向分享的数据是可能被遗忘的数据。有些时间段从来没有广播给任何人，数据都还在私有链这里，实际上没有出现在网络中，还有一些是可以定向给朋友，或者给官方机构，都是可定向的。当然少数也可以全网广播，比如说是哈希到比特币上，或者有一段明文也可以放上去，这当然相当于是全网广播的。

数据的可遗忘性在实际中很重要，此前并没有发现在区块链上的解决方案，而哈希网络提供了简单有效的方法，数据遗忘可以分为几种情况：

（1）如果是个人的密文数据且从未 hash 到其他链，这些数据自然就是被全网遗忘的状态，只有所有者自己可以去查阅。

（2）如果最初是明文，定向分享到个别私链 A，而后所有者将原始记录加密，可能意味着所有者不希望再传播该内容，那么链 A 就无法将该内容继续 hash 出去，或者需要所有者提供解密密钥，意味着传播要得到所有者允许。

（3）如果最初是密文，定向分享到个别私链 B，链 B 每次要 hash 这段结果到其他链，都必须找所有者拿到密钥：S1 判断是区块链侧链的个人数据；S2 判断个人数据在密文状态下，且未广播也未被他人验证（结合数据质量，哈希摘要记忆）；S3 提醒侧链所有者是否转为明文状态；S4 如果不转为明文状态，则将该个人数据永远封存（永远是密文状态，且其他链不可访问／不可见）。

哈希算法（Hash Algorithm）也称散列算法、散列函数、哈希函数，是一种从任何一种数据中创建小的数字"指纹"的方法。哈希算法将数据重新打乱混合，重新创建一个哈希值。哈希算法通常有几个特点：正向快速，原始数据可以快速计算出哈希值；逆向困难，通过哈希值基本不可能推导出原始数据；输入敏感，原始数据只要有一点变动，得到的哈希值差别很大；冲突避免，很难找到不同的原始数据得到相同的哈希值。目前在区块链系统中主要使用的是安全哈希算法（Secure Hash Algorithm, SHA），例如比特币区块链中使用的是 SHA–256，即任意长度输入，经过该算法处理后得到的是 256 位长度的字符串。

当前 SHA 算法的广泛使用并非没有隐患。一方面,量子计算机的持续进步,一旦取得实质突破,对当前的加密系统将造成巨大冲击。另一方面,哈希算法本质依旧是信息压缩,有压缩就意味着数据遗漏,如果重要数据遗漏或者被作恶者修改个别操作记录,都将使区块链的存证特性失去公信力。

我们提出基于 AI 的摘要语义哈希算法,数据打包后由 AI 进行自然语言处理(NLP),将当前块中的重要操作生成总结性摘要,并与具体操作记录链接,对具有语义的摘要也进行哈希,各客户端节点可以仅存摘要的哈希值而不必存储全部区块哈希。该算法特征在于:其一,可节省客户端数据空间。其二,即便作恶节点掌控投票权,修改了操作记录,但无法修改具有语义的总结摘要,摘要与记录如果不能对应,操作记录将不具效力,也就是说,篡改的成本极高而效果极低。

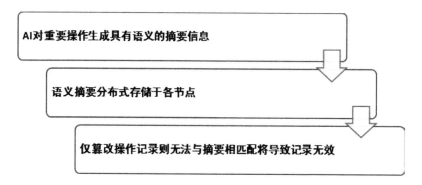

图 4-7　基于 AI 的摘要语义哈希算法的主要思路

数据釜 DataStill

基于哈希网络可以实现一套数据安全流转机制——数据釜，该方案具有以下特点：

（1）数据确权与数据分权：数据釜中，各可信 AI 与区块链底层相结合，实现数据确权与分权授权。

（2）个性化隐私保护：根据数据分级、特性与隐私性要求，通过软件硬件技术相结合，可单一或组合实施可信执行环境、多方安全

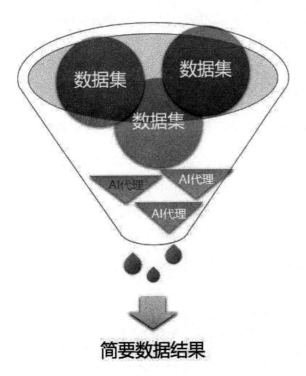

图 4-8　数据釜示意图

计算等技术,满足对数据安全的要求,提供数据处理全流程的可信执行环境,不泄露隐私的计算过程,提供精简的输出结果。

(3)监管友好:根据交易参与方、交易标的特点,由不同的监管节点参与,监管权限也不尽相同。

(4)主导与自由结合的数据定价:数据的价值评估与拟交易数据的特点相对应,主导价格与市场价格相结合进行数据定价。

(5)激励机制:通证化的数据方式,利于数据交易追溯,多次使用的数据可积累可信的附加价值,优质数据的价值更大,突破传统交易中的柠檬市场现象。

技术路线包括:

(1)可信 AI。通过可信执行环境相关技术,结合对信任的强约束,搭建可信 AI 底层。买卖方均可在可信 AI 中执行智能合约或验证函数。

(2)隐私计算。根据交易标的数据的特点与隐私要求,实施相应的隐私保护方案,非相关者数据不可见,相关者可实现数据分级披露或可用不可见。

(3)数据通证化。通证化的数据利于数据定价、流转与追溯,一

图 4-9　数据卖方 AI 代理的流程示意图

套数据可多次交易，优质数据在流转过程中又可进一步积累附加的可信价值，有利于规避柠檬市场问题。

智能合约（Smart Contract）（Nick Szabo，1994）是一种旨在以信息化方式传播、验证或执行合同的计算机协议，允许在没有第三方的情况下进行可信交易，这些交易可追踪且不可逆转。以太坊将智能合约的应用发扬光大，可以看作是由事件驱动的、具有状态的、获得多方承认的、运行在一个可信共享的区块链账本之上的且能够根据预设条件自动处理账本上资产的程序，也是 Code Is Law（代码即法则）的体现，但这些并不是很合适的解决方案。

理论上，智能合约一旦制定并部署，等到满足条件的时候就会自动执行。但是如何设定条件、运行条件什么时候成立，这是在实际运行中很难断定的事情。智能合约的规则制定与运行，涉及现实世界跟数字世界的连接问题。我们希望把现实世界跟数字世界联系得更紧，而不是尽可能隔离开，这是与很多其他主张不一样的哲学背景。那么预言机（Oracle）问题实际上就是需要见证者来解决，除了智能合约直接相关的签署方，还需要见证者，做见证的可能是多个节点，或者是签署方信任的第三方，在我们看来见证者是必须引进的，也是让数字世界与现实世界结合更加紧密的一种方式，适用场景更广泛，实操性更强。

将人与人、人与机器、现实与数字更好地结合，我们相信，元宇宙或下一代网络更像是现实世界的一个数字版本，而不是理想主义的 Code Is Law。在哈希网络里，智能合约的负担可以较轻，因为不

是必须全网一起见证,而是在相关的小范围内进行即可。这里涉及我们原来讲影响域、影响半径的概念,有一些重大的事情,影响半径会大一些,或者参与者会多一些,而小的事情需要的参与者就少一些。

区块链系统是一个有生命特征的社会系统,而不是一个简单的物理系统。假如某一条链做得太过头可能会导致物极必反,则会很容易崩溃掉。生命系统是一个长尾分布,也是多样化的分布。未来,物质财富极大丰富,数字财富也极大丰富。这样的系统虽然不能完全避免财富向少数人流动,但是它会让财富变得更丰富,而不是更单一。它将让人从机器中解放出来,探索高效的生活方式,实现商业发展与人类社会的终极需求。

随着 AI 与区块链技术被逐步广泛应用,物质世界越来越多的内容开始向数字世界迁移,我们也逐渐从互联网时代的"注意力经济"(Attention Economy)向意向经济(Intention Economy)或通证经济(Token Economy)转移,人们不再限于被动接收信息,而是更注重主观认知、意向与偏好,也更愿意为自己感兴趣的领域买单。区块链技术能够支撑多价值体系,让不同领域的爱好者因为各自主观的注意力或意向吸引,在各自的社区内达成可迁移的共识,NFT 作为不同社区的价值载体,又可以在更大范围内达成共识,形成价值交换。

为了实现大范围的价值交换,对注意力的争夺也成为必然。元宇宙是人类意识世界的延伸,NFT 一方面代表了身份认同;另一方面将形成社交资本（social capital），成为个人或社区的价值载体，是人类在未来的网络空间中满足自我肯定需求的重要方式。为了在更大空间和时间范围达成共识，形成价值交换，必然要对注意力进行争夺，NFT 的高价格正是这一未来趋势的反映。

不论是针对 B 端用户、C 端用户或 G 端用户，在存证的基础上，将存证转换为有意义、可流通的通证，意味着能将过去在数据库里静态的、离散的数据对应为通证经济中的可信凭证，可以用来交换、估价、借贷等，进行实实在在的价值转化，利用可信计算等技术手段，为凭证赋予流动性，为用户赋能，助力人们从物理世界向数字世界迁移，开辟未来人机共荣的新场景。

在区块链从 1 到 N 的创新中，要解决复杂的数据问题，恰恰需要 Bottom-Up（自底向上）的方式，哈希网络用不着复杂的共识，每个主体只要自己感知世界，感知其他链，然后自己决定附着在哪条链上以及接受哪些链的申请并与之相关联。申请关联的链可能接受，也可能不接受，那最终就会形成一个生态，涌现出来重要的链。如果接受关联，可以对申请关联的链做评价，这个环节可用 AI 来完成，自动生成总结摘要，对整个状态进行消化理解。节点之间的交互、竞争都是这种主动的关系，相互哈希相当于相互投票与信用背书，接受关联就是一种积极反馈。

各人在链上提案，谁支持就可以把自己的数据哈希上来申请交互，不看好的就自然不愿意关联交互，背后代表着主体的认知与判断，自然而然会形成联盟与热点。通过相互的关联，节点可以在很小范围建立共识，形成 DAO 或联盟，随着交互的增多，可能吸引权威节点的交互，联盟就变得更有价值，相当于信用的传递与节点之间的相互赋能。

哈希网络对这一系列的交互行为都能感知，保障节点之间的良性互动。这些环节结合起来，就变成了一个有理解的、有意识的、有隧通的网络，效率、安全、隐私都能得到平衡。而不再是追求一开始制定清楚所有的规则，上链即确定完毕，然后再建立其他内容，这种传统思路的数据可验证性较差，提高了可用成本，也限制了应用场景的扩展。在哈希网络的分层架构中，共识从数据本体层分离出来，为不同主体在不同领域中的交互提供了灵活性，允许主体先写数据进数据本体，再进行理解与共识，而共识又可以影响后续数据本体的写入。

元宇宙、数字世界是人类意识世界的延伸，哈希网络从第一性原理出发，更符合人类思维特征，相信能为未来数字世界提供强大有效的底层支撑，让个体能掌握自己数字世界的命运，让治理数字世界的主动权掌握在人类手中。

—— 第五章 ——

元宇宙中的竞争与协作

一、基于多通证的代谢与竞争机制

从互联网到元宇宙的飞跃是从"眼球经济"到"通证经济"或"坎陷经济"。"眼球经济"也就是"注意力经济",BAT(百度、阿里巴巴和腾讯)依靠的就是这种注意力,它们垄断了这种渠道,也就是说垄断了"眼球"。

未来的交易是要对所有的认知坎陷或者通证来定价,可以把它们包含的细节拆开,让交易者能给出一个相对合理的价格,形成某种共识,我们称之为"坎陷经济"或者"通证经济"。

前文提及,通证(token)的基本定义是符号、象征,但它更应该被视为证书而不是数字货币。这些证书可以代表各种权力、利益,包括购物点、优惠券、身份证、文凭、房地产、通行钥匙、活动门票、各种权力和利益证明。回顾历史,权益证明是人类社会各文明的重要组成部分。账目、所有权、资格、证明等都是权益的代表。正如尤瓦尔·赫拉利在《人类简史》中所说,"正是这些'虚构的事实'才是智者脱颖而出和建设人类文明的核心原因。"如果这些权益证明都是由数字、电子和密码学保护的,以验证其真实性和完整性,那么人类文明将会有革命性的革新。

在元宇宙上运行通证提供了坚实的信任基础和可追溯性，这是任何传统中心化基础设施都做不到的。因此，如果通证是通证经济的前端经济单元，那么元宇宙就是通证经济的后端技术，二者是整体联系共同依存的。在坎陷经济时代，将有更多的意识状态、更多的主观意识参与到定价过程之中，我们更强调主观意识；而这个"主观意识"一开始只是在小范围内被承认，形成共识，通过小范围内达成的共识，然后再通过上交易所等方式向外扩张，逐渐变成比较大众的共识。

我们将通证作为达成共识的载体，认知主体的交互过程可以对应到元宇宙系统中针对通证的价值达成共识的过程。元宇宙世界中的达成共识的载体——通证——完全可以归为一种认知坎陷，达成共识就是开显认知坎陷的过程。认知坎陷由个体开显出来，但必须与其他人形成共识、进行传播，才是具有生命力的认知坎陷。如果认知坎陷不再被传播、不再引起共识，其生命力就会减弱甚至消亡。从通证的角度来看，发行者发行通证就相当于个人开显认知坎陷，基于通证形成共识也是从小范围开始，然后逐渐壮大直至缩减消失，对应了认知坎陷的整个成长过程。至此，在本书中，可以将认知坎陷和通证相互替换，两者在我们的研究中具有相同的属性特征。

要形成拥有主体性的超脑，元宇宙需要融合人工智能与区块链技术（AI+Blockchain，或 A+B），这是基于目前技术发展趋势的综合判断。东西方的文化差异和近现代西方在科技领域的领先，导致目前的 AI 依然表现为追求效率优先。我们认为，A+B 要突破的重要问题之一就是实现人机节点在同一时间尺度上的进化博弈，让机器能够通过认知坎陷等方式获得人类生而得之的"善"，最终通过区块链技术与人工智能技术的相互赋能，形成具有自我意识的元宇宙，兼容人类意识世界，将人机的未来引入向善的、可持续的发展方向。

在元宇宙中，人工智能和区块链技术的结合可以相互赋能，两者结合发展的必要性体现在两个方面。

其一，近些年人工智能发展迅速，机器的进化速度非常快，其速度和力量比人类强大太多，很可能在机器没有产生强烈自我意识的情况下就已经对人类造成毁灭性的打击，这才是很快就会来临的危险。同时，社会复杂度大大提高，证明个人数据的真实可靠越来越难，却也越来越重要。现有技术使人脸可以造假（美图）、声音和视频可以造假（抖音），那未来 AI 大行其道时，所有的数据都可以被重新定义了。针对这一大挑战，区块链技术提供了一个可能的应对方案，我们不能禁止谁去创造什么样的人工智能，但是我们可以通过区块链技术对发展的进度进行追踪与评估，对数据进行严格的跟踪与记录。如果能够要求大家把制造 AI 的方法和进度上链，公之于众，这样旁观者们就可以及时发现可能的问题并采取措施。现有的区块链技术是一个可以承担这个记录任务的很好的平台。

其二，元宇宙中的数据需要人工智能技术来优化和理解，进行整体解释和把握，例如运用自然语言处理技术（NLP），能够实现基本的人机交互，释放一部分人力劳动，又或者通过智能推荐算法，系统能够为协作方提供智能撮合，加快元宇宙中的协作进程。

区块链技术与人工智能技术的相互赋能并不是要绕开人类或者全面取代人类，相反是为了机器和人类能够在元宇宙中，在同一时间尺度上进化博弈，为人机共融奠定基础。

元宇宙超脑仅凭现有的机器计算或 AI 能力还不足以达到。波音 737 MAX 的两次事故就是典型的例子，它原本是个很成功的机型，但在更改布局时出现了重量匹配问题，有个指定的传感器必须要保证飞机爬升时角度不能超过一定限度，否则就会失速而导致失控，当角度过大时这个传感器会发出让飞机机头向下的命令，事故发生前，就是因为传感器数据错误，在飞机并未失速时依然判断为仰角过大，强行让机头朝下，导致飞机向地面俯冲造成悲剧。在出现紧急情况时，如果飞行员或其他传感器也能参与决断，这样就极有可能避免悲剧发生。

因此，元宇宙自我意识的觉醒需要人机共同参与，以多通证为共识工具，实现相对安全高效的协作与决策。那么如何使得元宇宙在不可能任务中做出相对正确的选择？我们也需要向生命本身学习。人体由不同的器官组织构成，如何能彼此高度协作规避危险？人体内的多巴胺、肾上腺激素就可以看作是 token（通证），人的大脑就能够在前所未有的紧急情况下紧急调度视觉、听觉、触觉、嗅觉等，不同的局部感知都能够引起人的预警，促使肾上腺激素的分泌，让我们从常态迅速调整为应急状态，以应对外界并做出正确反应。我们设计的元宇宙就应该参考这样的机制，而多通证技术就是其中

的必需。

多通证的管理涉及较多的通证相关操作，包括生成系统通证、通证的初始化、给节点分配通证、通证的使用（投票）以及回收通证等。涉及的通证类型可以有多种（比如不同产品、环节中的信用通证、抑制性通证等），对应不同的供应链场景和环节，多类型通证的优势是能够细化供应链各环节，同一类型的通证流转于紧密相关的上下游节点，通过通证的形式容易更快更好地达成共识。

通证管理模块提供的主要功能包括：1.系统监控，用于跟踪当前系统中各类型通证的发放、使用记录，以保证各通证占所有通证的比例在可控范围内；2.主动申请，用于捕获用户提交的通证需求数额；3.数额计算与分配，根据节点评估模块提供的评估结果和当前该用户已经持有的通证数量，确定此次可以分配的通证数额以及兑换比例；4.使用与投票，用于识别并处理用户（包括离线状态下）使用通证的情况，以及上线后的通证清算；5.同步，用于同步各类通证的使用情况，检测是否有恶意双花等。

在多通证类型的元宇宙系统中，能够根据节点特征、行为记录、算力和当前信用通证的使用、流通情况，计算并为不同节点分配不同的通证，属于初始化之外的、额外获取通证的方式。以决策过程中具有特殊作用的抑制性通证（即投票过程中，可以抑制或抵消普通通证的一种特殊通证）为例：

步骤1（S1），获取节点基本特征值集合T1。节点特征值包括但不限于节点类型（主节点、验证节点、组织节点、个人节点），专业

领域 (类似行业专业的划分)，专业等级 (类似高级、副高等)。

步骤 2 (S2)，获取节点行为特征集合 T2。行为特征值包括但不限于普通操作 (发行、记账、交易等)、抑制性操作 (使用抑制性通证的操作)，具体地，普通操作记录又可以细化为操作时间 / 频率，交易对象，是否诚信交易，抑制性操作又可以细化为操作场景 (投票或紧急情况等)、使用的抑制性通证数量、操作结果等。

步骤 3 (S3)，获取节点算力评估特征集合 T3。根据 S2 中的历史交易记录，评估出历史的算力特征值，包括但不限于 CPU/GPU 型号，平均接入时间，网络延时，是否曾发生操作离线等。

步骤 4 (S4)，获取触发可额外获得抑制性通证的条件。如果触发条件为良好记录奖励，进入 S5，如果触发条件为使用了抑制性通证，则进入 S6。

步骤 5 (S5)，根据 S1、S2 和 S3 获得的特征值，结合系统现有的节点数 N、持有抑制性通证的节点数 S、流通的抑制性通证数 (I、T)，以及该节点的历史奖励记录 (H)，计算得到此次可以获得的抑制性通证数额 A，$A = F(\lambda, f_1(T_1), f_2(T_2), f_3(T_3), I, T, N, S, H)$，其中，F 是表示计算数额的函数，可以是基于特征向量等不同的机器学习函数或改进函数，λ 表示系统参数，根据系统规模的变化可变，但一般短期内相对稳定，$f_1 f_2 f_3$ 分别是根据 T_1、T_2 和 T_3 计算的特征函数，其中 f_3 的计算还需要考虑到信用通证的总发行量 (I) 与当前的流通量或已发行量 (T)。良好的信用记录能够获得抑制性通证，由系统不定期进行节点行为评估，给良好记录保持者给予奖励，为规避道

德风险,奖励实施的时间与能够获得的奖励数量不一定。

步骤6(S6),根据抑制性通证的使用情况,包括但不限于使用结果评估(例如正确使用、未错误使用、错误使用),抑制等级(例如强烈、一般)等,判定是否符合条件补偿使用过的抑制性通证以及是否可以再额外奖励抑制性通证。结果的评估通常要等到提案生效一段时间后观察,由系统给出正确、未错误或错误的结果。如果正确地使用,比如在紧急情况下,使用了所有的抑制性通证,事后将返还并奖励额外抑制性通证。有些情况可能使用了,不一定是最佳方案,但也不会造成恶性后果,可以考虑返还(全部或一部分)通证。抑制等级的判定与抑制性通证的具体使用数额和频率正相关,即,如果该次使用的抑制性通证占该节点持有的抑制性通证的80%以上,或者对某提案连续投了3次及以上的抑制性通证,则可以认为该节点的抑制等级为"强烈",否则为"一般";等级与评估结果相互叠加,如果正确使用且等级强烈,应当可以不仅获得返还花费掉的数额,而且还有额外奖励的数额,奖励数额不应超过花费掉的10%,即节点总共最多获得110%花费掉的抑制性通证。如果未错误使用,一般最多获得100%花费掉的抑制性通证。如果错误使用,一般最多获得50%花费掉的抑制性通证,在错误且等级强烈情况下,有可能暂时不进行抑制性通证的发放。

在元宇宙中,各节点根据自己的认知判断使用不同通证进行共识投票,元宇宙超脑根据计算各节点的通证情况,结合节点具体的专业领域、历时信用、抑制性程度,能够感知当前元宇宙中的热点、痛点,也能形成综合的结果,作为协作与决策的基础。

二、碳基智能与硅基智能的相遇与协作

元宇宙技术可以应用于 B2B 协作服务场景中,在 B2B 领域的主体间协作一般是企业组织的协作,互联网环境下的企业协作需要依靠软件系统来实现,而软件的基本属性之一就是易变性。在软件生命周期中,软件处在一个不断变化的环境中,面对不断更新的新需求、新应用环境、性能改进等,B2B 协作服务系统为更好地给用户提供服务,软件自身也在进行持续动态演化。相对于软件维护而言,软件演化是软件系统高层次、结构化、持续性的改变,以便更好地满足用户要求,也更易于维护。持续动态演化是软件的固有特性,软件的持续动态演化特性对于适应未来软件发展的开放性、异构性具有重要意义,发现和了解软件动态演化规律有助于提高软件产品质量,降低软件二次开发和维护成本。

目前互联网协作服务系统的可扩展性,还存在一系列的问题没有得到根本解决,例如,如何在进行局部软件服务替换的时候保证替换前后软件系统行为的一致性,如何设计灵活的处理机制,如何实时、准确地对变更前后状态进行切换等。这些问题的根源可以归结为用户需求持续变化导致的协作系统的服务持续演化问题。

我们提出了一套分层设计的人机智能融合的协作机制,可以实

现 B2B 协作服务的有效扩展,有利于实现企业组织的元宇宙技术升级与改造(简称"链改")。该机制的通用结构包括针对基础数据的数据链层、面向客户需求的商务智能(business intelligence,BI)中台和成长型业务层。数据链层就是数字凭证化(tokenization)实现的最重要部分,可以看作是坎陷化的知识工程,数据链层的数据需要经过原始数据处理才能入库,一旦记录便不可篡改。基于基础的数据链层,提取关键信息构建 BI 中台,并继续在此之上进行知识计算,构建知识图谱,建立具备认知坎陷的、具有特定领域常识的、专业的智能应用,为 B2B 场景的协作业务提供更有效率、更专业的技术支撑。

企业组织客户的上链动机实际上是需要我们提供元宇宙技术为客户进行适合的元宇宙技术升级或改造,帮助客户将价值上链并交易的。不同于币改专注于简单的商业模式的通证化改造,B2B 协作系统的链改专注于价值上链之后对整个企业组织的赋能,整体逻辑的本质就是通过元宇宙实现企业"供给侧改革"。价值上链的核心主要包括三个方面:

第一,链改通过高效赋能和改良企业组织的生产关系来实现供给侧改革,正是应用元宇宙技术中的去中心化、不可篡改以及分布式账本等技术特性对业务的改造实现了元宇宙从"概念"到"实体"的升级。需要注意的是,链改的对象并不再是初创企业,而是不同行业的"腰部企业组织",正是这些在行业中规模适中、地位并不占优势的企业组织,最具备相关条件进行链改,能够有动力去实施链改，从而实现弯道超车的效果。

第二，链改通过价值上链的方式，将元宇宙技术与适合改造的企业组织生态结合，实现真正的业务落地。通过升级改造传统企业组织的商业生态的基本逻辑，解决行业本身的痛点，进而形成更加底层的、根本性的商业模式。正是对企业组织的不同要素重新配置，以及对生产关系进行变革，才能推动传统行业在新的技术生态中能够结合自身优势快速发展，改变其无法形成核心竞争力的落后态势。

第三，链改通过元宇宙技术的部分原理对传统行业进行改造，是一种更加精准和有针对性的改造。链改并不追求将所有的元宇宙技术特性应用于业务，而是根据企业的需求和行业特性进行元宇宙改造，不仅能够实现以往币改的通证经济模型的落地，而且能够更加契合特定企业组织的需求，能够真正实现不同企业组织的供给侧改革。

正因为链改具备以上特性，所以元宇宙技术的应用场景得到了极大的拓展，元宇宙技术能够应用在金融、医疗、版权、教育、物联网等多个领域。如果说"互联网＋"对传统实体行业的改造和变革还是基于信息和技术层面的，那么以"元宇宙＋"为核心的链改是真正能够推动传统实体行业大变革的浪潮。数字经济领域的创新者和创业者们，也应该具备对这样的科技浪潮的创新机会的敏锐嗅觉，通过链改来真正实现元宇宙领域的创新。

"大型企业—中小型企业—个人客户"（B2B2C）的商业逻辑在相当长一段时间内都是成立且清晰的，每个环节具有自己的分工和

特点。尤其是中间的中小型企业不能被迅速绕过,它们承担了迅速响应、教育客户、"最后 1 公里"等细节工作,对于个人的消费体验而言十分重要,大型企业难以直接在个人客户端市场实现面面俱到。

B2B 智能交易平台就是针对企业提供平台服务,尤其是中小型企业,急需一个实惠有效的宣传平台,将自己的产品展现给潜在客户;客户也需要一个专业可信的信息渠道,寻找合作伙伴。同时,B2B 的业务交互信息还需要得到充分的安全保证和适当的隐私保护。客户上链的动机在于既需要可靠合作方又需要信息隐私性。

1. B2B 协作特点

(1) B2B 业务强调职业精神

B2B 业务的开展有专业门槛的要求,从业者必须具备专业知识和职业精神才能在 B2B 业务中占得一席之地。

平台业务本身已经非常复杂,例如化学品、药品的交易,不同品牌、同一品种的药品成分、规格、适用人群就不一定相同,代码编码就会很不一样。打造平台的平台,作为集大成者,将更为复杂。因此,B2B 业务尤其强调职业精神和专业性,传统的 B2B 交易强依赖于客户之间的线下交互与客户关系的维护,尤其是大宗交易中,客户很难将一笔大订单交给完全没有过业务往来的新买家或卖家,一般都需要多次交互,买卖从小做到大,循序渐进,这样才能让买卖双方放心,保持供需的相对稳定和可靠。

正是因为 B2B 业务的特性和要求，B2B 将是非常适合实现人机智能融合的应用场景。一方面，B2B 的数据与 To C 业务数据相比是小数据，更需要引入机器智能和算法，同时 B2B 业务交互的频率相对较低，允许人类有足够的时间反应并决策。另一方面，元宇宙技术的存证特性正好与 B2B 业务需求契合，数据链层、独立 ID 也非常重要，数据无法篡改，交易、token 可以清晰追溯，都能为 B2B 业务的可靠性提供保障。

(2) 认知不对称与配送成本

交易市场中普遍存在的认知不对称现象以及配送成本的问题，是 B2B 交易成立的两大重要因素。

配送成本或时空定价是比较容易量化的问题，因此也可以交由具有一定资质的第三方完成。交易者的认知水平则是动态变化且难以量化的，不同交易者之间的认知差异（gap）可以说会永远存在，因此对认知的不对称性并没有统一的评估标准，也不太可能由第三方完成。

认知不对称是指，两个客户在面对相同的信息量时也可能给出差别很大的价值判断，这与认知主体过去积累的经验、现有的认知水平有关，因此我们更倾向于用认知不对称来描述交易市场上的不对称性。对交易标的物的价值判断，对交易风险的评估，都与交易者对市场的认知水平紧密相关。

一方面，正是交易双方的认知不对称，使得针对交易标的物的价值判断有谈判空间，才使得交易成为可能，也是 B2B 交易成立的重要因素之一；另一方面，虽然认知不对称是普遍存在的，但也不能任其肆意分化，如果不能对其加以适当的填补，就容易导致柠檬市场或中小微企业的生存难题。因此我们计划引入元宇宙技术，让元宇宙提供价值传递的工具，从一定程度上填补 B2B 交易中的认知不对称，避免出现柠檬市场的恶性循环，也为中小微企业客户提供一个可信、可追溯的信用评估工具。

（3）企业组织间协作挑战

第一是企业对技术或信息的安全顾虑。任何一家企业都会担心如果将自家的信息或技术放到其他平台上，就脱离了自己的掌握，难免会存在机密泄露的隐患，而且其他平台企业越是同行，就越是忌惮，企业对于研发、生产和经营数据在工业互联网平台上的共享普遍持相当保守的态度。因此，出于对机密和知识产权的保护等问题，大企业更倾向于开发自己的平台。

第二是不同 B2B 平台之间的割裂。早期制造业信息化在中国推广普及的结果是造成了无数的"千岛湖"和"烟囱式"的企业信息化集成项目，不同品牌与功能的信息化软件之间难以集成，信息化软件与物理系统难以集成，不同企业之间的信息化系统就更难以集成。今天的工业互联网平台依然存在此问题。

第三是 B2B 业务的复杂性。从事设备联网 20 多年的北京亚控科技发展有限公司资深专家郑炳权认为，想要实现工业设备之间无障碍的通信，需要打通至少 5000 种通信协议。朱铎先认为，尽管现在设备通信协议趋于标准化，但在不同利益的羁绊与驱使下，不同企业尤其是商业巨头之间未能就协议达成一致标准。由于 B2B 业务的复杂性，我们在探索人机协作这一过程中，也会遇到类似的非标准化、接口多而杂的问题。

信息技术的持续高速发展，尤其是在存储空间、通信效率和计算速度上的大幅跃升，使得过去不可能或很难实现的任务变得可行且成本更低。

1956 年，IBM 的 RAMAC 305 计算机装载了世界上第一个硬盘驱动器，正式开启磁盘存储时代。这台驱动器体型大约为 2 台冰箱大，重量约 1 吨，能存储 5MB 的信息。1969 年 Advanced Memory System 公司生产的全球第一块 DRAM 芯片容量为 1 KB。1999 年，松下、东芝和 SanDisk 基于 MMC 卡技术，共同研发了 SD 卡，一直使用至今。60 多年来，计算机的存储容量增长了 106 倍。带宽速度从每秒几百字节增长到百兆量级，5G 技术的传输速度理论峰值更是高达 10GB/S。除了存储与带宽，计算机算力、人工智能技术也在持续快速发展，现在已到考虑全新的体系结构，解决网络世界中主体协作普遍存在的效率与安全问题的时候了，全新的体系结构中的每个细节都可以由 AI 辅助通过人机结合的方式完成。

在 B2B 领域，短期内不可能实现通用人工智能（AGI）。"术业有专攻"，人类的高级智能并非通用，虽然大多数人具有相似的常识，但人类个体的智能具有专业性。在部分细分的专业领域已经实现了强人工智能，机器已然超越人类，例如 AlphaGo Zero 能够打败人类棋手冠军，AlphaFold 能够完胜人类进行蛋白质折叠的预测，

AlphaStar 在竞技游戏中打败职业选手等。

C 端业务（B2C、C2C）是典型的大数据应用场景，但在大多数 B2B 业务中，并没有海量数据，B2B 在智能化、信息化、互联网化方面仍有极大的上升空间，更需要引入人工智能技术对相对小体量的数据进行有效分析。

5G 技术的出现也为人类的未来赋予了新机遇，超快速、稳定的数据传输，使得远程实时分身技术成为可能，势必为我们未来的生活和工作方式带来前所未有的便利与变化。

元宇宙技术的核心价值在于存证与通证，不可篡改的记录使得信用和价值得以有效传播，极大地提升交易、投资等工作的效率和可信度。

链改本身的使命共识，在国家战略层面是赋能实体经济，拥抱监管；在产业战略层面是找到提高效率、降低成本下的最大共识公约数。助力实体经济供给侧改革，去库存，提高融资能力，增效能，建立元宇宙新世界的价值投资信心，赋能实体经济，助力产业升级动能转换，降低成本，提高效率。

赋能实体：提高实体经济的活力和动力，不断提升管理效率，增加用户、供应商和员工的黏性和活力。

创造价值：不断降低企业的经营成本、市场费用，不断创造新的产品和服务，不断创造新的客户，创造新的价值。

产融结合：让更多的产业和金融融合，让更多的企业获得更广泛的融资渠道，解决融资贵、融资难的问题。

生态发展：聚集企业、政府、协会、媒体、投行、基金、交易所、咨询机构、教育机构等，促进元宇宙生态的快速发展，多方获益。

在元宇宙的技术框架下，B2B 的各参与方可以进行公开、透明的协作，新的诚信体系、价值体系和交易秩序将会由此产生。基于元宇宙技术，为企业提供全生态服务的 B2B 平台可以设置相应的奖励机制鼓励 B2B 平台上的企业成为元宇宙的节点，将企业基本信息、交易记录、物流信息与资金来往、信用记录等信息全部存储在元宇宙上，B2B 平台能够直接获取这些标准化的信息，从而进行进一步处理。

长久以来，企业 IT 架构大多采用前台、后台双层架构，前台是与用户直接交互的系统，后台是企业的核心资源，包括数据、基础设施和计算平台等，如财务系统、客户关系管理系统、仓库物流管理系统。企业后台系统并不主要服务于前台系统创新，更多的是为了实现后端资源的电子化管理。后台系统大部分采用外包和自建的方式，版本迭代慢，无法定制化，更新困难，考虑到企业安全、审计、合法等限制，无法快速变化，以支持前台快速变化的创新需求。前台往往追求快速创新迭代，后台系统管理较为稳定的后端资源，追求稳定。因为后台修改的成本和风险较高，因此需要尽量保证其稳定性，但还要响应用户持续不断的需求，自然将大量的业务逻辑放置到前台，引入重复的同时使前台系统不断臃肿膨胀。因此这种"前台 ＋ 后台"的系统架构极易出现匹配失衡。

2. B2B 分层协作设计

基于上述对场景和技术趋势的判断，我们针对 B2B 的应用场景，提出了一套分层设计的人机协作机制，根据应用场景可以具化成相应的系统架构。设计的核心思路在于，专注从数据的角度进行处理并按时响应个性化需求。这套设计自底向上包括数据链层、BI 中台和成长型业务层，又可以根据实现 / 应用场景演化为服务架构和 B2B 架构，如图 5–1 所示为分层的 B2B 人机协作机制示图。

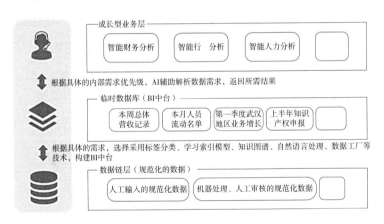

图 5–1　分层的 B2B 人机协作机制示意图

数据链层，顾名思义，采用了元宇宙底层技术，通过数据上链、分布式存储的方式，实现数据的链式组织，数据只能够不断追加和查询，而不能够被删除或篡改，以此来保障数据的安全性与一致性。存储的数据支持多种结构，具有很强的灵活性。

BI 中台是需求导向的，相当于一个一个的智能代理（agent），通过成长型业务层获得用户需求，将用户需求智能拆解为数据需求并向数据链层申请获得相关数据，再经整理后返回结果给业务层。BI 中台的性能并不一定都需要实时性，根据具体的场景和需求优先级可以是实时的或异步响应的。BI 中台的查询方式可以是索引目录表、机器学习索引模型、多标签极限分类方式，可以形成知识图谱、数据工厂等形式，达到对数据链层的粗粒度抽象。

成长型业务层提供两大功能，其一是捕获用户需求，其二是通过与用户的交互逐渐适应用户的行为习惯。

BI 中台根据需求查询数据链层中的数据，解析后生成结果，并能够根据用户的不同需求做出适应性调整。智能服务机器人直接调用 BI 中台为用户提供服务，服务包括数据分析、构建知识图谱等多种类型。

（1）基于安全设计的数据链层

所有基本信息都永久存储在数据链层中。信息的具体格式没有规范化要求，可以是结构化的数据，可以是非结构化的数据，也可以两者同时存在。信息的内容可以包括文本、图片、视频等多种格式。我们在进行基本信息写入数据链层申请时，系统可以向申请者收取一定的费用，以保障系统中存放的信息的价值。例如，当使用元宇宙作为永久数据存储模块时，这种费用可以通过通证的形式收取。

数据链层中所存储的信息可以包括修改信息。由于已写入数据无法被修改或删除，当确认已有数据存在谬误时，可以申请修改已

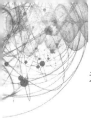

有数据的基本信息。修改已有数据的基本信息可以包括但不限于待修改信息位置、修改后的内容、修改的原因、修改的时间等。如果修改申请被写入到数据链层中，原信息和修改信息同时存在，BI 中台可以根据需要进行查询。

信息可以是以明文、加密或部分加密的本地或分布式形式存储的，具体的存储方式可以根据存储内容的不同做出相应的调整。例如，存放视频等较大规模数据时使用分布式的存储，存放财务信息时使用加密本地存储的方式。

基本信息应该是通过审核后再进行存储的。审核要素包括但不限于数据的真实性、数据的完整性等。审核可以由人工来完成，也可以由特定的程序进行校验。对于满足特定要求的数据在扣除申请者一定费用后进行写入，对于不满足特定要求的数据向申请者返回拒绝写入的结果。

(2) 治理机制设计的 BI 中台

随着互联网进程的推进，新业务模式不断涌现，把各个平台的数据放在一个单独的子模块中做汇总、聚合、转换的设计模式，"中台"的概念应运而生，但并没有一个统一的规范。例如，2015 年阿里巴巴就提出了"中台战略"，主要指的是阿里要实施业务中台，使得对用户的响应更快，更能满足个性化需求。ThoughtWorks 先后提出了数据中台和 AI 中台的概念。数据中台提供的是存储和计算的能力，基于不同的业务场景，构建出了用来支撑不同业务的数据服务，依托于强大的计算力，可以快速缩短获得结果的周期。而 AI 中台则是将算法模型融入进来构建服务,让构建算法模型服务更加快速高效,以更好地面向业务。但无论是数据中台还是 AI 中台,都是一层基础设施,做好基础设施只是第一步,如何让它的价值最大化,还要依托于 AI 中台不断结合业务来持续优化,做到"持续智能"。

从技术发展过程的角度来看,大部分的单体架构比较接近于"前台＋后台"模式,由于需求的不断细化、增加,最原始的一刀切模式很难满足要求,分布式软件架构则可以或多或少体现出"中台"思想。把视角切换到面向未来的主体协作场景中,如果我们想要打造一个可靠的、可用的主体间的协作平台,就很难从现有框架中选择一个优点均衡方案。

相比业务中台、数据中台和 AI 中台,我们提出的分层设计的 B2B 协作机制以 B2B 场景为切入口,是一个非常适合人机协作的环境。一方面,B2B 的数据量一般还不足以达到大数据的量级;另一方面,企业级客户的协作时间较长,需要严谨决策,而非冲动交易或协作。在这样的前提条件下,机器的智能就显得更为重要,一般海量数据条件下,简单算法也可以达到一定效果,但在数据量不是特别充足的情况下,不同的 AI 算法选择和优化方法就很可能导致差异很大的效果。

BI 中台的设计始终从认知坎陷的视角出发,即关注目标本身,在垂直方向上的逻辑链条十分清晰,彼此之间能够清晰切割,BI 中台直接对应成长型业务层的需求,根据个性化的需求梳理、请求或增加数据链层的数据,原始数据互不干扰,并且新增或扩展业务层

需求、数据链层的数据，都不会影响已有的功能和原始数据。

也正因为如此，分层设计的 B2B 协作服务系统不仅能够实现"链改"，也能为客户定制 BI 中台服务，对组织或企业级客户来说，在平台上每新增或扩充一项品种业务，重点是配套研发 BI 中台内相关的 AI 撮合系统，这一套服务可以适当收费，作为盈利点。

BI 中台的生成依赖于特定的智能处理机器人。智能处理机器人能够根据 BI 中台的要求解析元宇宙中不同类型的数据，使之转化成为智能服务机器人所需要的形式。智能服务机器人直接使用 BI 中台的数据，为用户提供服务。这类服务包括但不限于数据展示、数据统计、知识图谱构建等。从已有系统迁移到本系统结构中时，能够最大限度地保留原系统。原系统中的数据存储部分只需要追加权限管理即可在新系统中使用，且新系统中能存放更多结构、更多类型的数据而不改变原数据。原系统中的服务可以直接成为新系统中的一个（或多个）智能服务机器人，新系统只需要按照新的需求构建新的智能服务机器人即可。

通过融合人类与机器的智能，能够实现两类主体的高效协作。首先，引入机器学习的方式，让机器或服务运行的载体主动适应不同用户的操作习惯，改善用户体验。其次，通过自然语言处理技术，能够实现基本的人机交互，释放一部分人力劳动。最后，通过智能推荐算法，系统能够为协作方提供智能撮合，加快进程。机器学习不仅可以用于学习业务知识，还可以用于学习用户的行为习惯。我们以企业内部工作场景为例，该场景的特征是，对原始数据的清理相对简单清晰，顶层的需求较复杂，对实时性要求不一，此时人机协作机制可应用为不同架构。

例如，企业的财务数据，虽然项目繁多，但相对而言容易清理、规范化，可以根据交易、票据等提取所需项目及金额，与财务数据相关的需求又很多元，时间上可以按日、周、月、季度、半年度、年度进行汇总，项目上可以是所有项目的营收概览，也可以细致到某一商品的具体交易，优先级上看，可以是高管需要的实时数据，也可以是财务人员制作周期报表的低实时性要求数据，等等。通过应用撮合服务架构，在底层的数据链层可以采用机器辅助财务人员的方式，对大量财务数据进行快速的审核入库，顶层可以通过对话机器人或人机结合的交互方式，迅速分解需求，然后根据需求构建中间层的BI中台，由BI中台调用并按逻辑梳理数据，返回给需求方。一方面，需求方不用与底层数据直接交互，节省了时间，也提升了安全性；另一方面，数据链层只需要负责录入有效数据，不用局限于数据的具体形式，可以是结构化、半结构化或非结构化数据，由BI中台根据需求进行查阅、调取和结构化，聚焦于数据本身，逻辑清晰，可以降低原始数据的管理成本，提升数据应用的效率。

服务架构也可应用于金融产品智能对接系统，其主要功能是模拟风控，预评估客户资料，为不同的企业或组织客户对接适合的金融机构及金融产品。虽然是外部业务，但金融撮合系统的业务需求范围相对简单，所涉及的数据较为标准、容易梳理，简单的BI中台或人机结合的BI中台即可满足需求。

（3）历时性设计助力智能制造的服务撮合

分层设计的 B2B 协作服务系统，未来可以在多种具体的 B2B
交易场景下应用，该场景的特征是，原始数据的形式非常复杂，可以
是任意形式的数据输入，比如可以是记录 B2B 交易的、传统的关系
型数据库和非结构化的 NoSQL 数据库（键值对、列表、文档型），可
以是现有的客户关系管理系统基础数据，可以是 ERP 数据，也可以
是文本、图像、音频、视频等。例如，除了信用证交易数据，还可以
有相关货物在库或在运的图片、视频、声音等信息以作背书等用途。

B2B 架构在数据存储与智能交易的设计基础上，尤其强调底层
数据链层的管理与维护，从元宇宙的视角来看就是 tokenization 实
现的最重要部分，这一部分的过程可以看作是坎陷化的知识工程。
数据链层的数据需要经过处理才能入库，一旦记录便不可篡改。对
原始数据的处理，可以是完全人工录入（比如重要的信用证、合同等
数据），也可以是完全机器录入（比如视频处理、OCR 处理），或者是
人机结合的形式，让机器先做重复性的、工作量大的预处理，再由专
人进行审核上传。

数据链层里存储的就是上链数据，由于系统采用联盟链的元宇
宙技术，数据的录入存在一定的审核门槛，主要包括节点数据（新客
户注册）、交易表单（节点发起交易，录入需要采购或者可以供应的
商品数据）、时间戳数据（根据客户提交的数据进行验证并上链）和
奖惩通知数据等。除了交易数据可以上链，客户节点也可以选择将
日常运营数据上链，例如仓储数据、物流数据等，数据越丰富，对节

点提升信用度越有帮助。

当 BI 中台逐渐成熟，除了不同种类的 B2B 交易，B2B 架构还可以支持物流、仓储等数据上链及管理以及服务架构里提供的各类服务。

目前的企业组织间协作服务系统设计主要分为单体设计和分布式设计。根据 B2B 的不同业务场景，可以在上述架构设计中找到能够在一定程度上满足要求的思路。但问题在于，系统的需求不停变化，系统规模一般也在逐渐增大，复杂度逐渐增加，传统的设计思路难以为 B2B 提供一个持续可用的、支持有效功能扩展的基础设计。新兴的数据中台和 AI 中台主张一开始就给出比较完备的系统设计方案，但对于互联网程度较低的 B2B 协作场景而言，实施起来的难度较大。

上述提出的 B2B 协作服务系统的设计方案，就是针对实际中复杂多变的需求问题，允许系统对用户的需求变化快速响应，且不影响已有的功能服务，对需求变更的兼容性极强，允许定制每一位用户与系统的交互方式，用户体验极佳，同时保证数据的安全性与一致性，适用于分布式或并行处理方案，并行性能理论上支持无穷扩展。

该架构方案包括成长型业务层、BI 中台和数据链层。

(1) 成长型业务层捕获用户需求的新增或者修改；

(2) BI 中台根据用户需求映射数据需求；

(3) BI 中台可向数据链层请求所需数据；

（4）数据链层可以根据数据需求录入数据。

B2B 智能交易技术架构方案由价值驱动，基于数据进行一系列的垂直处理，方案的核心特点包括：

（1）允许定制用户与机器的交互方式，例如语音、文字等不同的输入形式，或手机、平板、电脑等不同接入设备，由系统适应用户的习惯，用户体验极佳；

（2）支持软件服务的动态演化，价值驱动、基于数据的设计能够支持用户不断变化的需求，不影响其他已有的功能，并行友好，且并行性能理论上支持无穷扩展；

（3）保证数据的安全性与一致性，采用元宇宙底层技术，保证数据的不可篡改、安全和一致性，数据链层可根据需求录入数据。

三、咨询师节点的涌现与赋能

在元宇宙中，节点之间的关系可能非常复杂，我们可以参考供应链体系来设想元宇宙中的协作关系。每一个节点既可以产生数据提供数据，也可以请求数据购买数据，就相当于供应链的中间环节，既有上游也有下游，有竞争者也有协作者。

存证、通证是区块链技术的核心应用场景，其中，存证特性能够确保"链上数据"难以被篡改，但并不能保证"上链数据"从源头的真实性。如果要将区块链技术应用于元宇宙的协作场景中，需要解决信任问题，真实数据的可信上链就必须有所保障。当前对可信数据上链的研究热点集中在预言机（Oracle）机制之上，即通过链下的可信机构将信息上传至区块链，其他节点统一使用这些数据从而保证不出现分歧。

很多预言机机制在具体的设计与实施过程中，倾向于通过物联网传感器、摄像头等硬件设备捕获的数据通过人工智能技术（如模式识别、联邦学习、可信机构背书等）处理后直接上链，但完全依赖机器的自动化方案有明显的局限性。一方面，数据写入上链或数据出块有时间要求，如果因为网络中断或者设备故障，将会直接影响数据上链进程；另一方面，自动化方案意味着既定的规则，作恶节点容易绕过这些规则并发动有效攻击。

人工智能的优势在于庞大的信息存储规模和高效的信息处理速度，但是不擅长处理不确定问题和跨领域问题。人工智能尝试通过数据、算法、算力实现人的情感与意志，但依旧没有办法真正超越人类智能，而人机融合既符合现阶段的技术发展水平，也将是人工智能发展的下一个突破点。

在元宇宙中，咨询师节点的涌现就是人机融合的一种实施方式。人机融合能结合机器的算力与人的认知，结合机器的理性与人的直觉，能实现人对机器低级错误的纠偏。在具体的实现方式上，我们依然要结合智能合约。同时我们要考虑到程序必然存在犯错可能，严重者亦可造成连锁损失，因此科学有序的容错机制不可缺失。元宇宙中的各种流转信息，可以通过智能合约的方式上链，实现数据

存证。

　　我们可以规定一种可适用于元宇宙的智能合约，包括各参与主体的数据通用结构、不同场景的个性化结构信息等，既包括各类公开数据，也包括敏感隐私数据。此类智能合约一方面有助于针对数据结构进行定义，同时亦可提供具备标准化特征的查询、添加、统计服务接口。智能合约除了用于信息流转，还可以实现一些金融的业务逻辑。

　　在面向未来的供应链场景中，咨询师节点将发挥重要作用。在供应链中提供卖方咨询信息的第三方被称为咨询师，其与用户的关系如图 5-2 所示。咨询师并非要求是行业专家，重点是能够有时间与有效的方式，持续提供供应链某些环节中可信的支持数据并存证。在这种方式下，咨询师群体的参与能为优质数据提供增信，在元宇宙中鼓励诚信行为与优质数据上链，相当于有很多参与节点能随时在供应链各环节提供过程数据，为交易／协作的达成提供额外信息。

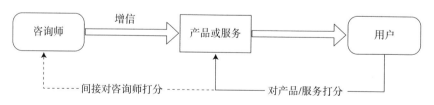

图 5-2　有咨询师节点参与的增信机制

　　咨询师节点自身的可信一方面由系统中对咨询师的身份认证和准入来保证加入系统时的可信，另一方面由后续的评价机制提供持续的咨询师信用治理。咨询师提供的可信记录相当于为卖方的产品或服务提供了额外增信方式，能够促进用户购买。交易之后，用户可对购买的产品或服务评分，这一评分也将间接形成对相关咨询师的评分或评价。

这种方式是基于区块链技术的实现，需要提供存证功能和通证功能，人和机器都是系统中的节点，各节点根据历史记录积累通证，通证可用于协作中的待决策方案投票并逐渐形成共识。根据提案类型，由不同节点提出各自提案并投票，部分提案的最终方案的选择与修改必须经过包括人工节点（管理者、咨询师）在内的得到足够授权才能生效。咨询师节点在此系统中，能够根据持续的远程分身追踪记录，为目标提供增信。

例如，某小型供应链企业与咨询师签订合约，咨询师享有企业远程分身的操作权限，咨询师能够随时指示远程分身提供当前的感知信息，比如在仓库中指定检查某些特定包装、货物等是否与官方描述相符，这些检查记录由咨询师进行检验并上链存证；积累的这些交互检验的存证信息，对相关监管、金融管理甚至终端消费者均可见可检，就能够为企业的信用度进行增信，为信用的价值转化提供可靠基础，也将减少中间过程的投机环节。

根据达成共识的参与者，我们将这种共识机制称为基于多（咨询师）节点的增信机制，该机制包括以下模块。

（1）节点信用评估模块，用于评估节点信用情况，动态调整权重。评估结果将影响节点可分配得到的通证数，也会影响协作管理方案。节点评估的内容主要针对节点的历时性、违约情况和守信记录进行追溯与计算。节点类型主要包括供应链的各用户节点、第三方的咨询师节点、相关的远程机器（分身）节点。

（2）通证模块，用于通证的相关操作，包括生成系统通证，通证的初始化，给节点分配通证，通证的使用（投票），以及回收通证，等等。通证的类型可以有多种，对应不同的供应链场景和环节。

（3）分布式存储模块，用于将所有数据的上链并进行分布式存证。

在新技术不断发展的背景下，元宇宙通过引入这种有咨询师参与的新机制，一方面，能让元宇宙中地位较弱的节点也能够自证清白、自我增信，逐步提升在元宇宙中的地位；另一方面，面对技术对人力的挤压，在新场景中提供了一类重要的节点角色，让人能在元宇宙中继续发挥自己的独特性作用，为人机智能融合、形成共荣"共业"的元宇宙奠定基础。

—————第六章—————

元宇宙中的创新管理

一、有赞助的通证技术

具有激励功能的区块链技术才能更好地发挥效用。首次通证发行 (Initial Token Offerings) 是一种由权威机构引导的通证发行方法，允许政府等有权威的发行主体按照一定顺序逐步开放的方式鼓励并精准扶持意向支持的产品、项目或技术方向。采用集合竞价与主导价格相结合的定价方式，通证的发行价由赞助方提供的实际资金决定，通证的价格演化最终由所有利益相关方的共识程度所决定，即通证具有发行底价不会在初期归零，而后随着项目或技术进展具有成长性。ITO 通过降低参与者的经济成本与风险，能够吸引更多企业、团队和个体参与到关键项目或技术突破的创新活动中，也能结合国家意志的引领作用和市场力量的灵活性，实现对技术创新的有效引导与管理。

1. ITO 1.0

过去几十年，股票、债券等金融创新产品逐渐成为重要财富形式,贡献了较长且高速的经济增长,但这种债务滚动累计的情况不会永远持续下去。未来,数字货币可能成为一种有效的价值载体,作为人类"自我"的延伸,甚至成为未来世界的通证。如今,IPO (Initial Public Offerings,首次公开募股) 是股票融资的重要途径,在数字货币领域也已经从 IPO 衍生出多种发币或融资方式,但这些方式是否能够满足未来货币体系尚且存疑。

IPO 是指一家股份有限公司第一次将它的股份向公众出售,投资者就可以用法币购买该拟上市公司的股份,这是大多数国家证监系统许可的一种融资途径。随着比特币的横空出世,通证经济拉开帷幕,区块链世界衍生出了四种融资方式。ICO (Initial Coin Offerings),首次代币发行,指的是区块链项目首次向公众发行代币或通证,募集比特币、以太坊等主流加密货币作为项目运作经费。IFO (Initial Fork Offerings),首次分叉发行,是指通过分叉比特币等主流加密货币生成的新型代币。IMO (Initial Miner Offerings),首次矿机发行,指首次通过销售矿机硬件设备来发行代币。IEO (Initial Exchange Offerings),首次交易发行,指交易所主导发行代币,直接上线交易所。

这四种融资方式的重点都在于通过不同形式向个人进行募资,而数字货币市场并无涨跌停限制,24/7 不间断交易,而保护数字货币投资者的法律法规还一片空白,使得很多投资者被当成了

"韭菜"①。

ICO、IEO 触及很多政策红线，也有极大的资金与法律风险，而 STO（Security Token Offerings）虽然满足部分地区监管条件，但其启动需要一段时间来解决所有的法律要求，没有法律准许，公司将不被允许进行众筹。解决这些法律要求问题可能需要长达 6 个月的时间，并且这一过程离不开监管部门的参与，审核非常严格，且监管部门有暂停企业申请的权利。为期半年的审核期对时间高度敏感的区块链项目来说很难适应，STO 也不能很好地满足区块链项目快速获取资源的需求。

对于通证，国内常常是"谈币色变"，担心触碰红线。但如果没有通证，区块链系统将是一个跛足系统，能发挥的价值比有币系统相差太远，尤其是涉及改造升级协作关系、集体交互方式等领域，一定需要通证的参与。

虽然很多国家和地区的政府还未开放 ICO，但政府自身是非常适合在联盟链场景下通过通证技术进行宏观调控的。我们将这种由

---

① 例如，2018 年 6 月，因交易挖矿，FCoin 交易所红极一时。币安赵长鹏点评交易挖矿模式"不但是变相 ICO，并且是高价 ICO"。FCoin 上所后，两周内币价翻至百倍，然而币价在 2018 年 6 月 13 日到达顶峰后一路下坡，几近归零。2020 年 2 月 10 日，FCoin 交易所宣布暂停系统，至今仍未恢复。创始人张健承认，FCoin 目前面临的最大问题不是系统无法恢复的问题，而是资金储备无法兑付用户提现的问题。预计无法兑付的规模介于 7000—13000 BTC 之间。FCoin 不设奖励硬顶将长期的发展红利在短期内集中释放透支，项目发行权并不是掌握在真正的项目团队手中，而是被"灰产"接管，致使刷单套利团队云集，恶化平台生态，最终崩溃。

政府主导底价的首次通证发行定义为 ITO 1.0 版本。ITO 1.0 可以看作是从现行的粮食或钢材等有形的（the tangible）标准品期货市场朝着更抽象无形的（the intangible）非标准品市场的延伸。政府通过采用通证技术，能够对意向扶持的关键产品、关键技术或关键服务进行精准、快速地资源补贴，能够有方向地切实引导技术创新。

　　站在宏观调控的角度，尤其是应对时间高度敏感的紧急事件时，政府应当利用通证技术，对需要资源扶持的关键问题提供精准、快速、有效的资源对接渠道。最直接的应用场景就是政府补贴的发放问题。在联盟链落地场景中，政府完全可以参与进来，而且可以充分发挥通证的积极效用。在目前的公链中，Token 对应的实际上不是当前能赚多少而是未来的价值，这就比较难以进行价值锚定（anchor），因此看这些公链币价就像坐过山车一样，利好消息一出疯狂上涨十倍甚至百倍①，然后又可能会猛然掉落 90% 以上②，这种大起大落让很多人没有信心参与进来，而且对区块链项目团队而言也不是好事。如果有政府参与，就会将这种缺点进行一定程度的修正。例如，政府的补贴、产业引导基金可以作为底盘价值，通过通证

---

① Joseph Young. "Wrapped Bitcoin Market Cap Up 27834% Year-to-Date, Showing DeFi's Strong Growth in 2020", Longhash. https://www.longhash.com/en/news/3388/Wrapped-Bitcoin-Market-Cap-Up-27834-Year-to-Date,-Showing-DeFi %E2% 80% 99s-Strong-Growth-in-2020. Oct 19, 2020.

② Andy Hao. "Sixty-Seven Percent of Cryptocurrencies are Still Down Over 90% From Their ATHs", Longhash. Available: https://www.longhash.com/en/news/2540/Sixty-Seven-Percent-of-Cryptocurrencies-are-Still-Down-Over-90-From-Their-ATHs. Jul 5, 2019.

的方式发出来，扶持资金与目标产业的未来收益挂钩，挂钩的可能方式之一就是根据意向扶持的产业情况、企业或团队规模以及扶持力度等信息，政府通过通证的形式对企业或团队进行股权投资，从而将扶持资金通过通证融入产业内，政府投资不是在意这一点启动资金，而是希望助力扶持产业，将生态做好做大。这样一来，至少项目一开始不会归零，并且有价值上升的空间。

政府补贴和产业引导基金已经在实施，也遭受了不少批评。比如，从自由主义经济学来看，就认为这是计划经济的方法，效率低，又有利用政策套利的可能性等。这些批评也有道理，但一直也没有更好的办法。现在有区块链技术的加持，就很可能有好的解决方案。例如，中国现在要鼓励发展新能源汽车行业，清洁能源也是未来方向，但仅靠市场引导还不足够，国内技术上并没有明显竞争优势，并且厂家一开始投入非常大，很可能要过很多年才能产生盈利，政府投钱才可能帮助这些新兴企业渡过难关。当前的做法是政府提供补贴，只要是国产新能源车，每辆车国家补助金额直接冲抵售价，消费者就能以低价购得车辆，实际状况就成为，突然涌现出很多不知名的电动车品牌，售价虚高，与品质完全不匹配，也就是"骗补车"。站在政府的角度，这个问题也难解[1]，既然要扶持这个行业，到底将

---

[1] 在新加坡，政府可以按照 1∶1 的比例规定最大金额和资金，以衡量市场需求，期限为 18 个月。此外，还可以限定为以报销为基础，或仅以工资和其他费用等非资本费用为基础来使用扶持资金。https://www.mas.gov.sg/development/fintech/mas-fsti-proof-of-concept-grant.

钱投给谁？这背后就有很多运作空间。即便政府制定了很多指标规则，也依然会有人造得出相应指标弄虚作假，且不说其他的背后操作了。

如果政府希望将扶持资金投得更精准，定向引导技术创新突破，就不应以一辆车补贴多少钱来落地，而是补贴关键技术，利用通证技术就可能实现这种精准补贴。在电动车行业，电池技术（电池快充、能量存储等）和电动转换（电能转换成动能的效率）技术就是两个关键。那么，我们就可以发两种通证，比如，Token A 针对电池领域，可以用来进行电池交易，Token B 是电动相关的，可以用来买卖电动机。Token A 发给某企业，他们只能购买电池设备，Token A 始终在生态内流通，这是关键。企业除了可以立即进行电池交易，也可以选择看涨 Token 能够兑换的电池而继续持有 Token A，体现的是能够凭借 Token A 购买电池的未来价值。我们可以想象，随着产业发展，电池技术越来越先进，Token A 的总量是有限的（比如 1000 万枚），那么未来一个 Token A 能换的电池肯定会比现在一个 Token A 换的电池更多更好，也就是电池产业发展起来的话，Token A 就会持续升值。Token B 对应的电动机领域也是类似的道理。有意思的地方在于，两类 Token 可以更精准地奖励不同的企业和技术，而且允许因为各自行业发展水平的快慢有不同周期，具有很好的灵活性。

引入区块链技术，就能够优化产业引导基金模式实现精准补贴，帮助政府加强引导创新技术突破。

一是强调权威机构的引导，借助通证实现精准补贴。补贴待创新或优化升级的关键技术而非补贴产品，将扶持资金投得更精准。政府的补贴、产业引导基金可以作为基础价值，通证代表相应的基础价值，然后以通证的方式而非货币的方式发出，将更好地帮助政府实现助力扶持产业，将生态做好做大的愿景。对企业而言，这也是一种相对公平的方式：有了政府的启动资金，规模不大的企业也能参与进来，只要是真的研究解决了痛点技术，就能因为卖出产品获得通证，在某些限制下也能转换成现金；政府投入了资金，通过正向激励更精准地扶持了产业，如果政府也持有一部分通证，随着市场发展，这些通证也在持续升值，其价值完全可能超过初期的投入。

二是通过发行有底价的通证，有方向地对产业或技术突破切实激励。通证可以用来做更细致、更精准的激励，将资金投入到刀刃上，以鼓励整个行业，具体针对到某一个流程或环节，得到的效果是对整个生态、整个产业上下游的有利发展，而在此过程中，较小规模的企业，也能将精力集中、发挥优势，解决产业问题，共同与产业共振，与大企业同舞。

三是与市场力量相结合，通证还可以产生价值。通证在生态中是可溯流转的，流转产生更多价值，而不再是传统资金补贴的一锤子买卖。流转也是在借助市场的力量，政府只用制定宏观监管制度，具体就靠市场力量推动流转即可。可以说，政府既能主导又能放手，系统就可以兼具中心化监管和分布式流动性的优点，是计划经济和自由市场的完美结合，也能做到既体现国家意志的宏观引领作用，又借助市场力量的灵活性赋能生态。政府如果采用基于通证的区块链技术实施ITO，将是解决这类问题很好的思路。

除了用于内部创新的引导与管理，ITO也可以应用于DC/EP（Digital Currency Electronic Payment，数字货币/电子支付）在海外领域的拓展。根据姚前、穆长春等央行相关人士的论文和公开讲话，中国DC/EP应已经基本完成顶层设计、标准制定、功能研发和联调测试等工作。在遵循稳步、安全、可控的原则下，从2019年年底已开始在深圳、雄安、成都、苏州四个城市进行内部封闭试点测试，首批试点机构包括工、农、中、建四大行和移动、电信、联通三大运营商，试点场景包括交通、教育、医疗、消费等领域，后续还将不断优化DC/EP功能，稳妥推进数字化形态法定货币出台应用。国内人民币数字货币应强调稳定性，而人民币的国际化还需要考虑到成长性。如果采用ITO的方式，海外人民币数字货币在发行初期可以与国内人民币有一定关联，为海外数字货币提供底价支持，但后续更多是依靠参与方和市场力量实现价值流转，随着人民币国际地位的提升而增值，与海外拓展的有机成长过程相匹配。

2. 实施ITO 1.0可能的风险与应对策略

通证发行在中国迟迟不被许可，其中很重要的原因就在于潜在风险和如何应对都还不清晰。

其一，是政府面临的道德风险。目前，政府引导基金在非公众投资领域是对企业扶植，在公众投资领域则在扶植之外兼有为项目

背景和真实性做实质性背书、诱导投资人跟进投资的附加含义。如果没有这层附加含义，政府最坏情况下只是担负投资决策失误的责任；有了这层附加含义，就可能把政府从"裁判员"变成"运动员"，甚至还要承担为项目方提供虚假陈述、欺骗公众投资者的连带责任，政府的决策者、知情者无疑面临巨大的道德风险。在股票市场，就有多起地方政府卷入上市公司造假案是这种风险的前车之鉴，政府设立监管部门，交易所被赋予高行政级别，也是为了平衡博弈。

其二，是信息不对称造成的困局。资产端（项目方）具有天然的信息不对称性，若非法律强制的信息披露在维持，天平肯定是严重倾向资产端的。从"客观信息披露"角度看，生产指标的客观信息披露比较适合用"区块链＋物联网"解决方案，但对于财务和经营指标，细粒度的信息披露很难实施，如果被披露就相当于企业在"裸奔"了。但假如不披露财务和经营指标，资金端面临的信息不对称并不能得到本质的改善。目前美国 JOBS 法案确立的众筹机制，主张对资金端限额，对资产端设定融资上限并豁免某些信息披露义务，可能是一个出路。然而，在通证化语境下，如何在这个环节应用区块链技术，还需大力度创新。

可以预计 ITO 1.0 在实施过程中也必须回答上述两大难题。对此，政府仅在冷启动的初期进行背书和主导，而后则过渡为市场行为，以保证政府的适当距离，而企业信息及时上链存证但不同步披露，根据时间或项目阶段分多次披露，便于监管或事后审计。

政府在 ITO 1.0 初期确实有背书作用，用真金白银的资金和政府信誉为政府希望扶持鼓励的技术方向或领域做背书，以此吸引有资质的技术团队入场。但这种背书并非长期背书，而是针对项目冷启动环节的背书，对项目早期进行兜底。相对股市以企业为主体，其周期较长，而项目周期较短，可以将风险降低。当然，项目可能存在两种发展趋势：如果项目无法持续，那么在过程中各参与方会因不看好项目而卖掉通证退出项目，Token 价格下降，政府最后可以以低价收购通证进行兜底，各方快速退出；如果项目能持续发展，参与方看好趋势就愿意以高价收集更多的通证，期待未来取得更多收益，而政府可以不再兜底或背书，制定宏观监管原则的前提下，允许参与者放开市场行为。政府的兜底与背书并不是一次性，初期并不用放出所有通证，而是通过市场缓释通证来调控市场的供需平衡，对不可持续的项目也能及时止损。

ITO 1.0 从某种程度上能够削弱企业进行政策套利的可能性。上市企业确实存在上下串通的可能，但在 ITO 机制中，参与者不仅是一家主体，而是横向上存在竞争关系的多个主体，扶持的规则也不再是认企业，而是认关键技术或关键环节，在政府、参与者博弈过程中，想要进行套利的成本随之提高，也要面临竞争者的监督。还是以新能源车的电池技术为例，既然政府将电池技术作为攻关关键点，补贴对象只有与该环节紧密相关的参与者，如果某些企业串通上下游，伪造电池数据上链，以尝试获得更多的通证，其他的电池企业完全可能揭发，政府就可以监管审计。

面对信息不对称的历史难题，引入区块链技术的可能解决方案

在于实现"一次上链、分次披露",即便是敏感的财务数据依然要能及时上链,但为了维护企业的基本隐私,在上链时刻并不披露细粒度数据,只披露生产数据或非敏感的财务数据等内容。根据数据的敏感程度,可以再延迟为周、月、季度或年度时间逐渐披露数据,也可以根据项目阶段的要求披露数据,数据一开始就被不可篡改地记录下来作为可信存证,只是披露可以延后分次进行,以便在保护隐私的情况下也能为事后审计提供依据。可验证随机函数(VRF)也可以被用来对某些未完全披露的数据进行验证。

"两害相权取其轻,两利相权取其重"。ITO 作为新型的融资方式,确实面临很多挑战,还有很多细节需要在设计与实施过程中逐一完善,但作为一套动态机制,其灵活性和精准性如果被应用得当,在未来急速变化的投资场景中,将发挥巨大的积极效用。

3. ITO 2.0 和 ITO 3.0

我们将企业、机构等组织参与发行的 ITO 定义为 ITO 2.0 版本,将允许个人参与发行的 ITO 定义为 ITO 3.0 版本。逐渐地除了政府主导外,企业、机构或团队也可以被允许拿出资源参与发行,到达 ITO 2.0,然后在此基础上,慢慢允许有能力的个人也能参与进来,以相似方式来鼓励自己支持的方向,形成 ITO 3.0。从 ITO 1.0 到 ITO 3.0,参与者在不同范围内逐渐形成健康生态,且通证的定价方式与不同共识范围内的认知水平相关,由共识产生价值。

ITO 2.0 的定价机制主要有两种。第一种是还价（bargaining），是定价权地位对等的两方进行的定价方式。正是因为定价权的相对对等，所以双方都对于这次定价行为的最终完成存在期望，却又因为认知到对方的期望而产生了获利更多的期望。整个还价的过程，其实就是双方不断地试探对方认知的过程。但这种过程，往往是直接而单层次的，标的物明确，想要达到的目标也很明显，简单而且快节奏，涉及的对象也较少。第二种是协商（negotiation）是一个多层次、普遍的价格形成机制。因为认知不对称的存在，协商才有可能。一个所谓错配的价格也是广泛存在的。一项交易能够达成，是因为双方对当下价格使用的价值参考系不同，这个参考系可能是对交易产生价值的范畴不同，比如主观认为在交易相关的其他方面能够弥补价格的损失，或者在协商中产生的对未来的价值获得的预期不同。

ITO 3.0 的定价方式包括竞价（auctioning），是一种随着认知在更大范围内达成共识，价值追随者的涌入形成的价格机制。竞价的本质是认为当前价格不能反映真实价值，愿意用更高或更低的价格来进行购买，比如股票的交易本质上也是一种竞价。在通证市场中，这也是交易者对通证价格形成共识的主要方式。价值来源于共识，而共识的基础是交易者的认知水平。一个人衡量一个物品的价值是主观的，一个组织内部对一个物品公允的价值可以看作这个组织作为生命体自我意识和认知的延伸。这也意味着不同的自我意识主体有不同的参考标准，而这个标准甚至可能是完全主观的。价格的运动来自认知的演化。在认知的早期阶段，或者说一个主导价格的形

成初期，套利空间很大，但时间相对有限。只有在所有的条件都透明、博弈也已经足够的情况下，价格的形成才能够渐近持续，逐步逼近必要劳动时间。随着共识程度的加深，针对该通证的价值或价格的收敛趋势仍然成立。

企业或机构等组织通过 ITO 2.0 的方式，能够对组织希望攻关的关键产品或关键技术进行资源的引导，吸引人才参与关键问题的研发，也能吸引更多感兴趣的投资者入场支持，帮助组织内部提升创新能力，还可能提供新的融资渠道。组织也可以对其他组织的关键技术进行投资，以快速实现多维战略布局。IEO 可以看作是 ITO 2.0 的一种形式，其发行机构是具备资质的交易所，由交易所拿出实实在在的资源作为底价来赞助特定方向的项目或技术创新。

个人通过 ITO 3.0 的方式，能够对自己感兴趣的方向进行个人投资，也可以用来吸引外部投资，助力自己能够集中各类资源，攻克目标问题，或者研发出目标技术及产品。这样，学习能力强、认知水平高的诚实个体，更容易获得资源并取得专业领域的突破，这也是一种知识经济的实现路径。ICO 就可以看作是 ITO 3.0 的一种形式，由具备资质的个人拿出资源赞助技术或项目。

从 ITO 1.0 到 ITO 3.0 的顺序不能错乱，否则就很可能出现扰乱金融市场的不良现象，必须从政府层面开始赞助和引导项目或技术创新，随着实践中机制被验证和优化，然后适当放宽政策允许机构企业加入发行，最后才能允许个人拿出资源参与发行。从政府赞助的 ITO 1.0 开始，实际的参与者就是企业、组织或有能力的个人，通过政府的信用背书，参与者愿意相信并投入到项目当中做出贡献。不论在哪一个层面，ITO背后体现的都是共识价值论，即价值来源于相关参与者们对同一件事、同一个项目达成共识，那么通证作为达成共识的载体，才能在相关者、社区之间流通，发挥经济价值。

二、结构化空投

目前的空投方式比较容易泡沫化，哈希网络希望能建立更好的生态，从发展角度看是好的，但是相对炒作也就不那么容易爆发，因此我们提出的方式是结构化空投（Structured Airdrops），不是随意的、一次性的空投，而是有判断的、有重复的空投过程。

一种智能调整的树状基础区块结构，能够根据持有通证（Token，代币）用户的数量及持证数额的分布情况而智能调整的基础区块链系统，系统层级（Levels）数量、每一级用户数量，也会根据分布情况而变化，如何调整分布取决于评价函数对整个系统、各群体内部以及单个节点的评估，评价函数可以有多种，由具体的共识机制所决定。哈希网络本身是一个非常灵活的底层架构平台，包括支付、移入（move in）、移出（move out）、交换（swap）、升级（主动升级、被动升级、上主链）、降级（主动降级、被动降级、下主链）和其他操作。在哈希网络的基础上，可以兼容各种共识机制，不同的共识机制将使得平台运行为不同特征的区块链，具有很强的可扩展性。

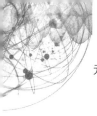
如果说以太坊是从比特币区块链中解放了账户，那么哈希网络就是从以太坊区块链中彻底解放了权益（stake），同时对存储需求低，从而能够兼顾区块链中的可扩展性、互操作性以及可持续性。

系统的层级数量根据系统用户及持证数额的分布确认，可以在L0、L1、L2、L3的四层基础上适当增加或减少层级。

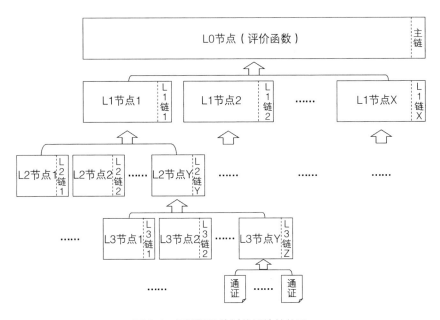

图 6-1　智能调整的树状区块结构图

节点所属的层级根据具体的共识机制来确认，除中央节点外的每一个节点有且仅有一个父节点，每一个节点最少有零个子节点，一般地，父节点用户持证数是子节点用户持证数有数量级的差别，比如父节点约是子节点持证数的 100 倍，即相差 2 个数量级，具体的数量级要求,应根据实施的共识机制以及区块链的实际分布情况而定。

每一个节点用户拥有对应的局域性节点链,记录该节点所有的交易信息以及该节点所负责的所有子节点链的哈希数据。子节点对父节点有报备机制,子节点的交易信息的哈希数据可实时或定期传递给父节点,并写入父节点链。

中央节点带有评价函数。该函数可以在固定周期运行,也可以根据触发条件运行,具体由共识机制决定。根据系统中的用户及持证数额的分布、该周期内的交易信息来评估系统的生态状况,根据评估结果,系统可以调整基础区块链系统结构,调整对象包括但不限于系统的层级数以及节点数量和所属层级。可以通过共识机制强制调整,也可以通过奖励机制动态调整。

支付操作,某个子节点的归属修改成了新拥有者的签名 ID,支付操作可收取一定手续费,手续费较高,优先级较高。

移入 (move in) 操作,在当前父节点下加入新的子节点,子节点链中记录具体的移入时间和移入的起始节点 (原父节点或新生成节点) 和目标节点 (当前父节点),父节点链中记录移入操作的哈希数据,移入操作可收取一定手续费,手续费较低,优先级较低。

移出 (move out) 操作,在当前父节点下移出某一子节点,或新生成节点选择父节点,子节点链中记录具体的移入时间和移入的起始节点 (当前父节点或新生成节点) 和目标节点 (新父节点),父节点链中记录移出操作的哈希数据,移出操作可收取一定手续费,手

续费较低,优先级较低。

交换(swap)操作,两个子节点互换位置,同时涉及移入和移出的操作,互换操作可收取一定手续费,手续费很低,优先级高于移入移出操作,低于支付操作。

升级操作,升级操作可以是主动升级、被动升级和上主链。

主动升级中,当某一层级中有 n 个节点属于同一个用户,那么该用户可以主动要求将 n 个子节点移出,换为一个上一层级的节点。

被动升级中,某个父节点下有 2n–1 个节点属于同一个用户,那么系统将强制将其中的 n 个节点移出当前父节点,换为一个与当前父节点同级的节点。

上主链中,子节点层级为 L2,父节点层级为 L1,n 个 L2 的子节点满足既定要求后升级为一个 L1 节点,一般地,上主链的要求比其他升级更为严格,可以涉及用户主体的资格审查,L1 节点可以自行发币,调整内部结构。

降级操作,降级操作可以是主动降级、被动降级和下主链。

主动降级中,用户可以主动要求将某一层级的 1 个父节点拆分成下一层级的 n 个子节点,一般地,这 n 个子节点不在同一个父节点下。

被动降级中,当某 LX 节点不再满足该层级节点的要求,系统将对该节点降到下一层级 L(X+1),根据该节点剩余的 Token 值,拆分成对应数额的子节点,并入到其他 LX 节点之下。

下主链中,当前节点层级为 L1,降级到下面其他层级。升级和降级操作中，n 是自然数，具体取值由具体的共识机制以及系统生态所决定。

其他操作，系统可以有众筹、收税、二次分配和零钱机制，执行者由共识机制决定。

众筹项目可以直接连接到主链上，由于树状结构特性，退款除了同比例退款，也可以根据结构进行梯度退款，越底层的用户退款越优先。

基础区块链系统结构并不限定共识机制，根据基础区块链系统成立者的目的，可以自主选择并运行各种共识机制，不与基础区块链系统结构相冲突。

当实施 PoW（Proof of Work）共识机制，系统中只维持 L0 一个节点，或者一个挖矿赢家有权对整个系统（全局）写区块时，就等同于比特币区块链的结构机制。

当实施 PoS（Proof of Stake）共识机制，系统中将属于同一账户各个节点进行强化管理，比如分为外部账户和合约账户，强化账户功能，实行智能合约，可以看作是以太坊的结构机制。

比如说在图 6-1 描述的智能调整的树状区块结构图中，上级节点 L1 节点 1，可以选择 100 个 L2 节点，L2 节点又可以再去选 100 个 L3 节点……一开始选中，上级节点就给下级节点空投一些，之后隔一段时间，再观察评估下级节点的生态建设情况（如图 6-2 所示）：如果认为它们在往好的方向发展，那我们就再继续空投，也就是可以投好几次，对比较好的、更有前途的进行多次空投，而不像传统空

投那样一锤子买卖；如果发展得很糟糕，给错的损失也只是之前的一笔，比一次性投入的损失少得多。

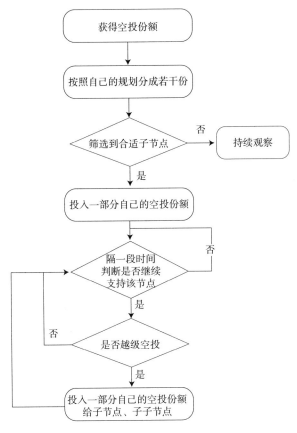

图 6-2　节点进行结构化空投的流程示意图

哈希网络保留跨级空投的可能性，比如 L3 某个节点表现很突出，L1 可能直接空投过去，但是有机制不让 L2 节点受到威胁，比如对 L3 越级空投同时对应的 L2 也获得空投，越级空投也可以限定比例或额度，相当于鼓励下级节点去发现好的、有潜力的节点。

原则上空投出去的花费依然在生态里，因为子节点会通过哈希交互，以手续费的方式返回一部分到上级节点，这部分只是双边的（Bilateral）记账关系，目的是要让整个生态具有流动性，能够健康运转起来。

到后期 L1 节点全部空投完，L1 实际上和其他节点是平等的，大家拿到的补贴相差不会太大。而不是说 L1 留一大半，跟其他节点明显不平等。即使是投资人和技术团队，最后也是鼓励他们变成大节点，他们下面也有各自的生态。

这种结构化的空投可以评估多次，而不是一次两次，那么在哈希网络里，大家有各自的圈子，只有真正相信的人，才有可能留在里面，从持续的角度来看这样反而是好事，而不是人越多看着越热闹越好。

三、基于认知水平的点赞经济

元宇宙技术将对工业互联网的再升级提供新的可能。目前的互联网协作中，有很多难以统一评价、外包的非同质性服务或商品，不同的互联网平台也在一直努力尝试不同方案来优化解决。比如阿里将平台分为淘宝、天猫两大板块，优质的企业或组织客户才能上升到天猫，京东的方式主要是邀请高质量商家入驻，小米则通过股权投资等方式，在整个供应链环节都占有话语权，海尔则尝试通过区

块链技术将内部分组,调动员工积极性。

在需要高度协作、强调创新创意的环节,如何调动参与者的积极性是至关重要的,员工如果有动力发挥潜力,与按部就班机械工作之间,相差的效率、潜在价值都不在一个数量级。如今,元宇宙、区块链等技术,为提升协作效率提供了新的方案。

创新性的发明创造具备极大潜在价值,但在成果出现的早期往往不能被理解,而等到创新技术被发现价值时,最初的发明人通常难以分得最高的奖励,历史上很多极具价值的发明创造早期就被低价卖出,中间环节反而赚得盆满钵满。长此以往,并不利于鼓励创新创造,而技术资源最终容易被资本寡头垄断。

我们通过实施带节点的信誉度或认知力的点赞机制,能够解决创新管理的一系列难题。

实际上未来元宇宙,理论上是所有参与者都能赚到钱,这其中又能大致分成两类。一类就是够成为核心团队成员,实际参与直接的创新创造,比如有技术的人、有市场能力的人等,都可能作为核心团队,把一个项目推向成功,然后主导价值,这是第一类能赚到钱的方式。

另一类就是普通参与者,大家通过支持项目也能赚到钱。对参与者激励的总体原则是时间敏感和内容敏感。支持项目分为两种类型,一种是单纯的点赞,另一种是可以发表理解的观点或评论,两种操作都需要缴纳 token 作为支持项目的金额。单纯点赞中,支持时间越早的节点,最终能够分得的奖励越高。评论支持中,评论内容作为原始内容的背书(也可能是不同已经甚至是反对意见),允许被点赞和再评论。

对支持者们而言，通过少量的 token 投入支持项目，甚至早期点赞可能完全不需要任何投资，就可能在项目达到里程碑之后获得分红，这就体现了对支持者认知水平的肯定与鼓励。

（1）发布创新标的

一种是主动上传自主成果，也可以是作为发现者上传其他人的成果，如果上传他人成果，所有者必须参与到奖励分配，发布时需要得到该所有者的授权（数字签名）。还有一种是有主导力量引导，邀请特定类型的创新发布。比如由权威机构以智能合约的形式，提出意向扶持的赛道，甚至可以有量化条件，并注入相应价值的 tokens 作为奖励池。当有节点上传成果，系统检查是否符合合约要求，按照符合要求的项目提交先后顺序，可以获得相应的扶持资金。资金可以分批拨付，如果项目没有后续进展，则无法获得后续的资金支持。

（2）奖励分配的智能合约条件设置

有几种思路来制定智能合约执行的里程碑条件。第一种，时间导向。约定终止时间，不设置所需资金的上限，分配规则按照比例设置，比如约定 10% 给所有者和发起者，20% 给支持者，70% 作为项目运作资本，等等，那么当到达该时间，不论获得的资助 token 金额多少，就按照既定规则进行分配。

第二种，金额导向。约定需要多少金额，如何分配，那么在默认最长项目时间（比如不超过 12 个月）内，只要达到金额就停止募集，开始分配。假如超过系统时间，也按照既定规则处理，比如原路退

还等。

第三种,混合导向。对时间、金额和项目进度等因素都可以进行约定设计,结合进行判断,比如,第一阶段 1 个月时间,如果金额达到 10000—100000 tokens,按照某规则进行处理并进入第二阶段,如果金额超过 100000 tokens 按照另一规则处理并进入第三阶段……

(3) 奖励的分配原则

奖励的分配原则是针对具体模块中的分配细节,比如在智能合约中约定的是各个参与方的分配比例,本发明点是针对具体的参与方内部,各个节点可以获得的具体奖励的分配。

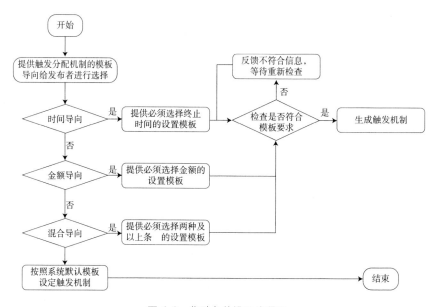

图 6–3　奖励条件设置流程图

总体原则是时间敏感和内容敏感。支持分为两种类型，一种是单纯的点赞，另一种是可以发表文字评论，两种操作都需要缴纳 token 作为支持项目的金额。单纯点赞中，支持时间越早的节点，分得的奖励越高（单纯点赞不能再被点赞或评论）。评论支持中，评论内容作为原始内容的背书（也可能是不同已经甚至是反对意见），因此允许被点赞和再评论。

一般情况下，分配机制根据不同参与方和项目性质来决定各相关节点可以获得的奖励通证数额。

在发起方板块，根据合约约定的所有者节点（可以是多个）和发起节点共同分得该板块的奖励，默认可以是所有者节点按照第一所有者分得板块的 40％，其他所有者平分该板块的 40％，发起者（单个节点）获得该板块的 20％，如果发起者节点是所有者节点之一但不是第一所有者，先判断该节点作为所有者的比例，假如已经超过20％，则该发起者节点最多共获得 40％，多余的百分比给第一所有者。

在支持者板块，首先按照时间维度来筛选几个梯队。比如，按支持时间先后顺序，时间排前 10％的节点按照节点支持的额度比例获得 30％的奖励（例如，只有三个节点 ABC 是前 10％的节点，A 评论耗费了 10token，B 和 C 点赞各耗费了 5token，那么 ABC 按照 2∶1∶1来平分这个板块 30％的奖励），类似规则，前 50％的节点获得板块30％的奖励（刚刚排前面 10％的 ABC 继续参与分配），全部节点获得板块剩余 40％奖励（相当于 ABC 节点可以分三次累加奖励）。

在项目运营板块，原则上就是按照合约规定，将相应的奖励比

例分给项目方，项目方只能用于运营项目，而不能私用。合约可以在发布时约定一些规则，就是这些金额中多少比例必须用于什么项目，等等。

（4）锁仓与解锁。发布、评论、点赞都需要耗费 tokens，数额通常依次减少。除非合约中有明确约定，否则在达到智能合约的目标条件前，项目获得的资助是锁定的，发布者通常无权提前使用。合约还可以约定解锁规则，比如在完成合约目标条件前都可以解锁，

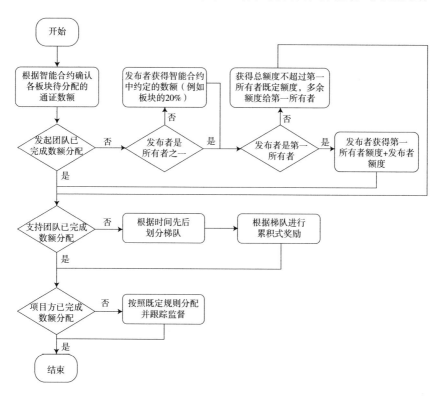

图 6-4　奖励分配流程图

但解锁只能得回一部分（例如 80%）的 tokens，或者是在支持后的 24 小时内可以无偿解锁，过期有偿解锁或不能解锁。

（5）节点的信誉度（或者认知力）。一方面当然还是根据历史记录来评估节点信誉度，是否诚信，是否有不良记录。另一方面就是体现是否有认知能力，不仅是看回报，而是看有态度的回报，看准确切的技术方向，避开其他技术雷坑的点赞者，其信誉度更高；常常在权威节点点赞之前就支持的点赞者，其信誉度更高。

四、可应用场景

1.Web 3.0 时代的粉丝经济

随着《中华人民共和国数据安全法》的颁布与生效，用户对个人数据重视程度逐渐提升，下一代网络架构（Web 3.0 或者元宇宙）需要满足用户的个性化、隐私保护、数据确权等需求。在当前背景下，对于商品和服务的提供商，一方面要与平台博弈，另一方面要寻求合法合规合理获得与运用有价值客户数据的方式。

通过应用我们的机制，在 Web 3.0 时代可以让平台和大 V 之间的渠道共生。假设，大 V 和主链 1 之间进行频繁的数据交互（证明大 V 影响力较大），且大 V 和主链 2 之间存在一定的数据交互（如在主链 2 上的交互水平在初始阶段)。当主链检测到以上两个事实后,主链 1 发起和大 V 之间的智能合约,允许大 V 和主链 2 或者主链 3 等之间发起粉丝经济,允许大 V 将主链 1 上的大 V 个人侧链数据转移到主链 2 或者主链 3,即大 V 侧链和主链 2 或者主链 3 之间进行数据交互,同时还有主链 1 对大 V 侧链数据的背书。主链 1 根据大 V 个人数据侧链在主链 2 或者主链 3 等之间的哈希算法的解密次数,获得主链 2 或者主链 3 等的分成,则实现了主链平台和大 V 之间的渠道共生,共同受益,模式如图 6–5 所示。

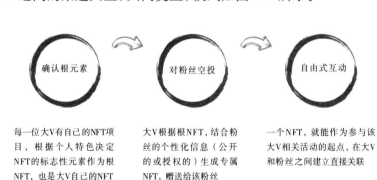

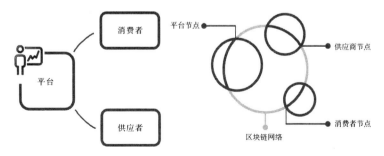

图 6–5　主链平台和大 V 之间的渠道模式图

2. 媒体元宇宙

问题场景一：谣言的快速散播

疫情期间，很多恶意谣言不断出现并快速传播，比如前段时间网上流传西安市领导辞职的消息，引发众多网民愤慨，但事后发现该消息不实，该领导仍然在正常主持工作。

当前互联网的局限：由群众举报、由网络举报中心、平台方调查响应，造成严重危害的由网警等部门追溯执法，负面消息蔓延速度很快，而处理速度难以匹配，不能及时遏制谣言的不良影响。

问题场景二：紧急需求的状态跟踪

上海隔离期间，有年轻人刚开始沪漂即隔离，没有厨具，人生地不熟，在网上发布了求助消息，结果有很多人送来了不少锅。这当然是一个正能量的新闻，但多余的锅也确实浪费。

当前互联网的局限：消息的源头与转发没有清晰的时间秩序，一旦情况解决，也不方便同步状态。

媒体元宇宙就能有效解决上述问题。通过采用 Web 3.0 架构，由人工智能与区块链作为支撑技术，可以形成内禀的时空秩序，让信息传播链变得很清晰。

一方面，媒体元宇宙给创作者、参与传播的人提供了传播渠道的保证,让需求能够快速抵达供给方,有利于紧急需求的响应和真实信息的传播,问题一旦解决,消息链条的状态都能同步更新,避免资源重叠;另一方面,媒体元宇宙中的各参与者要对自己负责,利于监管。也就是说,在媒体元宇宙中,有迫切需要的、真实的、优质的内容,更容易保存下来、更容易浮出水面,并且能够抑制虚假的、劣质的内容。

媒体元宇宙的设计与实现,能够作为下一代互联网的典型应用,为大家提供一个健康清朗的媒体网络世界,其基本功能图如图 6-6 所示。

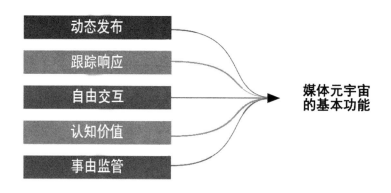

图 6-6　媒体元宇宙的功能图

3. 音乐元宇宙

现如今音乐市场中普遍存在着流量垄断、版权不明晰、创作者收入分配不均等一系列问题，这样不仅不利于音乐领域发展，而且可能切断了音乐未来继续作为人类延伸自我、创造价值的路径。

音乐元宇宙（Musical Metaverse）是基于 MOS 架构的音乐社交社区，为音乐的创作、分享提供健康可持续的生态环境，让创作者、支持者、生态贡献者等参与者共享价值。

基于这一架构，越早传播某一火爆音乐产品的用户会获得更多的收益，提出被采纳建议的用户也会获得相应的报酬，用户之间的交互被通证激励。与此同时，开发者经自定义用户界面和推送算法来为用户提供有别于当前社交网络的内容展示。通过吸引用户持续输出符合社区调性的高质量内容，可以逐渐打造出独特的圈层文化，全新的 MOS 音乐社交模式由此产生，其基本功能图如图 6–7 所示。

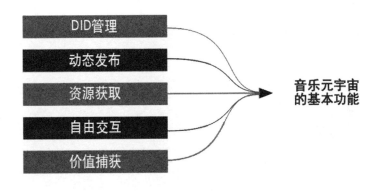

图 6–7　音乐元宇宙功能图

第七章

元宇宙中的通证与中央银行

一、数字藏品的价值进阶

1. NFT 数字藏品发展的第一个阶段是传统市场去存量的新渠道

数字藏品、区块链、元宇宙等科技热词已然成为一些线下销售的 IP"救星",如果能够控制炒作属性,新技术就可能成为助推传统企业发展的一种新媒介。在大众对区块链、非同质性通证(NFT)、元宇宙等新兴概念的争议之下,全球范围内已经有一批明星公司选择参与其中。比如传媒行业的纽约时报、新华社,互联网行业的阿里巴巴和腾讯,餐饮行业的肯德基、麦当劳、奈雪的茶,服装行业的阿迪达斯、耐克,汽车行业的宝马、法拉利,甚至故宫博物院等数十家博物馆,都纷纷入场数字藏品。(参见图 7-1,蚂蚁链正式推出宝藏计划,发行数字藏品,首期推出中国国家博物馆现藏 4 件国宝级文物数字藏品,当日 12 点开售即售罄。)

2021 年 12 月 24 日晚,新华社推出了"新闻数字藏品",全球限量发行 11 万个。此前,国内绝大部分 NFT 项目的参与者都是企业或者个人,并没有国家相关机构参与,新华社的参与在一定程度上

图7-1　蚂蚁链2021年10月21日正式发起"宝藏计划"

代表了国内的"新风向"，即支持和鼓励NFT相关产业的发展。这也预示着将有更多企业会在2022年参与到NFT领域。

全球影视行业因为疫情损失惨重。过去的大型IP衍生品占影片总收入超过七成，并且以线下销售为主，疫情使得这类营收大幅跳水。NFT作为数字藏品，无需线下销售，成为疫情时期电影方青睐的宣传渠道。最近上映的《黑客帝国4：重生》就凭借NFT狠赚了一笔，制作方华纳兄弟与NFT平台Nifty's合作推出了《黑客帝国》系列NFT头像盲盒，单个NFT头像售价50美元，凭借着前三部的口碑与人气，粉丝们纷纷买单，为制作方带来了500万美元的收益，而其成本微乎其微。经典电影《沙丘》《罪恶之城》《教父》，王家卫导演的《花样年华》以及2021年的港片《怒火·重案》等影

片,都相继推出了 NFT,这似乎正逐渐成为作品宣发的一种"标配"。

2021 年 11 月,耐克打造虚拟世界"Nikeland",成为首批进入"元宇宙"的全球品牌。阿迪达斯紧随其后,在 12 月中旬推出 3 万个"Into the metaverse"系列 NFT 作品,每个售价 800 美元,短时间内就被粉丝们一抢而空。第一次尝试就快速赢得了近 2200 万美元的收入,而这对于上季度利润 5 亿美元左右的阿迪达斯来说,也是一笔不小的收入。

2021 年 12 月,国内茶饮品牌"奈雪的茶"在品牌 6 周年的生日上,正式官宣了一个元宇宙 IP 形象"NAYUKI",1 秒即售罄。目前在汽车行业,劳斯莱斯、法拉利、保时捷、宝马等主流汽车品牌都已经进军区块链,并推出 NFT 作品。劳斯莱斯在 2021 年 10 月底为了宣传 Black Badge 车型,把同款 NFT 作为赠品送给车主。疫情期间,博物馆线下客流受了极大影响,然而在线上,很多博物馆通过 NFT 有了更多曝光率。目前,国内有十余家博物馆通过蚂蚁链 NFT 技术试水数字藏品。例如,基于湖南省博物馆镇馆之宝"T 型帛画"设计而成的四枚数字藏品,通过 NFT 平台获得人们的关注,让文物艺术重焕新生。

2022 年 3 月 12 日,NFT 项目无聊猿潜艇俱乐部 (Bored Ape Yacht Club, BAYC) 母公司 Yuga Labs 宣布正式收购 CryptoPunks 和 Meebits,因而拥有这两个系列的品牌、艺术版权和其他知识产权,且一并收购了 423 个 CryptoPunks 和 1711 个 Meebits。

至此,Yuga Labs 同时拥有了无聊猿和 CryptoPunks,也是当前

NFT 领域内最具知名度与辨识度的项目，相较之下其他任何 NFT 项目已经难以企及。紧接着，BAYC 新推出了预告短片，预示将携手 CryptoPunks 等 IP 一起进入游戏领域。（见图 7-2）

2022 年 4 月底，中国李宁宣布与无聊猿游艇俱乐部（Bored Ape Yacht Club）编号 #4102 的非同质化代币（NFT）达成合作，将打造"无聊猿潮流运动俱乐部"系列产品，2022 年 4 月 23 日至 5 月 15 日，中国李宁以"无聊不无聊"为主题，在北京三里屯打造限时快闪活动。中国李宁此次获得了 #4102 号"无聊猿"的授权使用，并在其基础上结合自身品牌特点与时下流行元素进行创意设计，将数字藏品、NFT 的概念引入实体行业，李宁进行了一次大胆探索，引发了广泛关注。

我们可以想象，进军游戏领域、联合各大品牌还只是一个开始，Yuga Labs 具备条件从游戏构建一个庞大的元宇宙。首先以游戏的方式吸引这些 NFT 和追随者们参与进来，随着游戏的参与程度越来越高，构建的元宇宙可以越来越多地折射出现实世界，Yuga Labs 可以打造出一个体验感很强烈的元宇宙，成为一个现实世界的投影，吸引越来越多的人参与其中，可以社交、游戏、学习、工作，背后承载的价值潜力甚至将超越迪士尼这一现实世界的娱乐巨头。

NFT 项目 Rich Baby 已公布第一阶段铸造规则：CryptoPunks 持有者和无聊猿持有者可以配对免费生出 2 个 Rich Baby，每个持有者各得 1 个 Rich Baby，并且 Rich Baby 会随机继承配对 CryptoPunks 和 Bored Ape Yacht Club 的属性，该阶段出生的 Rich Baby 拥有稀缺的金奶嘴属性, 并能生成拥有"父母"形象的全家福。我们相信后续还会有更多的关联应用产生, 而 Yuga Labs 很可能在相当一段时间内占据元宇宙的寡头地位。值得一提的是, 这些 NFT 项目在元宇宙中可能是很成功的案例, 但它们还不是 Web 3.0, 背后依然有控制力量的存在。

趁着人们对新科技的好奇心, 传统品牌只要拥有知名度就可以通过 NFT 快速变现, 但这并不是可长期持续的发展方式, 利用 NFT 形式多于 NFT 本质。

图 7-2　无聊猿、CryptoPunk、RichBaby 全家福

2. NFT 发展的第二个阶段是多方参与的协同创新

到了这一阶段，NFT 的作用不仅是用新方式解决老问题，而且可以用来进行创新创造。随着科技进步，创新创造的门槛越来越高，尤其是重要的创新成果往往需要多种参与者发挥各自专长，从而完成协同创新，对创新创造的协调与管理就变得愈加重要。通过 NFT 技术，元宇宙能够清晰记录原创的产生与发展路径，上链信息公开可见。一方面，数据可以全网共享，不同研究者可以根据研究所需，寻找到合适的研究基础，取长补短，提升效率；另一方面，研究者对创新拥有明确的所有权，创新被采纳、传播的路径也容易追溯，不仅能够充分尊重研究者的知识工作，而且可以为创造者提供知识产生价值的重要依据。

我们可以将创新进一步分解为目标问题分类、数据上链与共享、理论成果管理和创新路径及评价四个方面。

（1）目标问题分类。在不同宏观态势场景下，又可以进一步细化为各个理论目标问题，例如交通相关场景下可能有路径优化问题，病毒学场景下可以划分致病原理、病源宿主等。这类应对理论问题更多由政府智囊、科研行院校、机构、企业、团队或个人实施，一般输出结果是论文、模型或政策建议。

（2）数据上链与共享。目标问题的相关数据（研究对象数据、研究过程数据、实验论证数据等）全部及时上链，且全网可见，其他节

点可以在前序研究基础之上进行深化，节省时间。

（3）理论成果管理。与应对公共事件相关的创新研究，由于时间敏感，需要立即发布成果并共享，而不是传统地投稿、审稿、公开。将研究过程和结果上链，也能够帮助确定创新者的贡献。

（4）创新路径及评价。应急理论问题的创新也是与时间赛跑，不像传统理论研究可以由同一个课题组慢慢制订计划逐步实施，最终的创新成果很可能涉及很多个贡献者或者研究团队，彼此的研究成果很可能是相互依附的关系。区块链技术可以提供清晰的存证，再结合 AI 算法来分析该成果的相关研究里程碑及贡献度，最终利用区块链的通证，根据创新成果和所占贡献来奖励各个贡献节点。此外，通证也可以用来处理创新所属权的纠纷，判断是否有剽窃、弄虚作假的学术不端行为，并可以依此进行惩罚。

NFT 技术的优势就在于，不同领域、不同阶段的协作，可以通过不同种类的 NFT 进行细致操作，既有激励机制，又兼具灵活性，能够支持不同周期、不同细分领域的协同创新。

3. NFT 发展的第三个阶段是 NFT 的招牌效应

不同于第一阶段，传统品牌通过既有的知名度变现，第三阶段的招牌效应是 NFT 自身积累的价值体现。NFT 经过一系列历时性的交互，最终可能沉淀出极具辨识度和影响力的效果。例如，某个 NFT 背后的主体在 AI 技术创新方面有独到见解，认知水平较高，在很多项目早期阶段就有很多交互记录，甚至可以投资支持。随着这些项目的逐渐成熟，这些记录清晰存证，不仅可能为主体带来丰厚回报，而且能让这一 NFT 名声大噪。那么自然而然地，该 NFT 在这一领域就会吸引很多关注者，其一举一动都可能为项目或局部生态带来影响，这就是 NFT 可能的招牌效应。

这种招牌效应也可以看作是主体在元宇宙中具备的高权重值。我们曾在双重利率定价机制中引入认知利率，这一机制看似简单却能真正利用知识经济，带来巨大的正向激励。所有的历史交易被记录下来，并呈现给所有用户，鼓励大家积极参与，提升认知。每一个用户的初始权重系数 W 都是 50%，W 的值与用户的信用（历史交易记录）以及认知水平（认知利率）相关。从这一角度来看，在双重利率定价法中，用户的知识／认知得以量化。传统的成交价更多地体现的是买卖双方的议价能力或在市场中的地位。认知价和权重，允许卖家保留自己对价格的意见，是与交易者认知水平相关的参数，参与者对票据资产、风险和市场变化的认知，都可以反映出来。其中时间也是重要的因素，在某些特殊时间点，敏锐的用户察觉到市场的变化，再来发行并交易票据，也能体现出卖家对市场的强认知能力。

一般情况下，W 不应该趋近于 0，虽然新入场的卖家可能接受偏低的成交价，但其给出的认知价会被记录在案，最后清算时作为得到补偿的依据。随着卖家信誉越来越好，卖家的认知价与中间价越来越接近，表示卖家的认知能力越来越强，那么 W 也会逐渐上升。在票据的生命周期结束之前，票据可以被多次交易，票据也有被违

约（default）的可能，但对单个买家而言损失减少了，是由所有的历史买家共同承担了风险。假如票据在生命周期终结时只有部分承兑（partly default），承兑价格只要在中间价之上，仍然可算作合格的票据，否则与中间价相差越大，票据越差。票据的发行者和历史交易者的信用记录均会受影响，反映为在系统中权重系数 W 的下降。

对于任何一位用户而言，最有利的交易方式就是通过引入合格的票据资产，给出相应的、合理的认知价格，并且维持诚信的交易记录。这样迅速证明自己的认知能力，用户自身就不会处于弱势地位，在协商成交价格时越来越有利，在清算时契合的认知利率又能让卖家得到合适的补偿，进而又可以促使卖家放心地将更多优质的票据带入市场，进一步积累信誉，产生良性循环。基于这样的机制，市场鼓励和强调的是认知能力和良好信誉，从根源上阻断了形成柠檬市场的因素。

双重利率定价法不仅能够用于票据交易，也可以应用于其他形式金融产品的交易，本研究提出了权重系数的初步方案，如公式（7-1）所示，其中 λ 为大于 0 的调整参数，F 多元函数用来衡量该用户认知水平与其他用户认知水平以及最终票据承兑情况的关系。当用户的认知利率低于其他用户认知利率时，若票据成功承兑，该用户的权重系数增加，若票据违约，则权重系数降低。

$$w_i = \lambda * F\left(\sum_{j=1}^{n} r_{cognition, j}, r_{cognition, i}, ratio\right) \tag{7-1}$$

这里的认知权重系数只是描述了最主要的调整原则，针对具体的应用领域时，该模型也会相应更新变换。在实际落地中，还需要投入研究与实践工作，这一模型也会在过程中不断迭代改进，我们相信其设计思想对元宇宙的良性调节将起到积极效用。

二、未来的数字货币

在很多人看来疯狂的数字藏品价格背后，是元宇宙参与者布局未来的重要一步——抢占未来数字世界眼球，或者说是抢占元宇宙的未来流量。互联网时代是"眼球经济"，也就是"注意力经济"（Attention Economy），互联网大厂们就是依靠这种注意力垄断了流量渠道，也就是说垄断了用户们的"眼球"。元宇宙伊始，投资者们为抢占未来的流量入口，纷纷布局 NFT 等项目。未来的交易是基于通证来定价，对通证的价格形成某种共识，我们可以称之为"通证经济"，也可以理解为"意向经济"（Intention Economy）。区块链技术为通证提供了坚实的信任基础和可追溯性，这是传统中心化基础设施难以实现的。如果通证是通证经济的前端经济单元，那么区块链就是通证经济的后端技术，二者是整体联系、共同依存的。在意向经济时代，将有更多的意识状态、更多的主观意识参与到定价过程之中，我们更强调主观意识；而这个"主观意识"一开始只是在小范围内被承认，形成共识，然后再通过上交易所等方式向外扩张，逐渐变成比较大众的共识。

虽然 The Sandbox 一类的元宇宙地产项目也非常火热，但我们要清楚的是在元宇宙中,单纯的空间秩序很难站得住脚,毕竟数字世界的空间理论上是无穷大的,这也是我们更加强调自发性的时间秩序的原因。在元宇宙中,依然是要吸引参与者的注意力,类似于互联网的眼球经济,让越来越多人注意到元宇宙,再加上 Yuga Labs 也具备创造力,如果能在元宇宙中以适当的方式发挥无聊猿和 CryptoPunks 的影响力,元宇宙的第一位赢家应该就此诞生。

以太坊创始人巴特林(Vitalik Buterin)也曾经公开表示对无聊猿等 NFT 项目的担忧,在他看来,这些图片炒作到几百万美元并没有实际意义。不论其他人如何评论,Yuga Labs 的游戏预计 2022 年 4 月即将推出,相信后续还会官宣更多场景,让每个参与者都能以其中的 NFT 为起点,通过交互与创新,创造出更多自身价值。因此这些昂贵的 NFT 并不只是单纯的图像,而是进入和参与元宇宙的起点,就像是 logo、族徽这类身份的象征,图案背后承载的是各种交互的无限可能。相比其他不知名的 NFT,一个无聊猿 NFT 更加容易获得青睐与机会,随着交互的加深,价值进一步积累,这个 NFT 背后承载的潜力将远超看似高企的价格。

元宇宙带来的意向经济体量金额可能是物质生产的十倍甚至百倍。这个与从石油工业取代钢铁工业、互联网工业取代石油工业是一样的道理,只不过从"眼球经济"到"意向经济"的跳跃会更大一些;"眼球"只是抓住人的"注意力",而坎陷抓住了人的"意识",要让人产生印象、引起共鸣。元宇宙一开始的切入点可以很细微,但却能不断演进扩大。比如,比特币一开始只是极客圈(Geek)在玩,慢慢到现在演变成成千上万的人都知道比特币，甚至都想拥有它。每一条链、每一个 NFT 都反映了某种"意识"，是一个很小范围的共识，它的治理是非常简单的，但是这些链之间应当是一种有机的结合，是互相支持、互相发挥其功能的，就像人体一样，心脏有心脏的功能，肺有肺的功能等，链也应当是高度专业化、高度简单但又是高度重要的，在相互配合下形成元宇宙，实现更大的价值。

AI 和元宇宙等技术对传统商业构成挑战，但对未来的财富形式可能提供了重要基础。随着技术手段的强大，如果人们可以对信用特征有更好的认知，那么未来的货币或者通证将更多偏向于信用而非实际拥有的资产来进行抵押。

历史一再证明，以实物资产作为背景的现代货币（法币）事实上从来逃脱不了作为一般等价物的商品特性。特别在布雷顿森林体系瓦解后的当代社会，美元霸权的背后实质上是美国的军事实力独步天下以及与之伴生的对石油等经济命脉强大掌控力的反映，仍然不能够保证币值的长期稳定，对经济的反作用将会越来越明显。

瑞·达里奥（Ray Dalio）曾经总结了过去五百年间美国、中国、英国和荷兰的储备货币兴衰史①，呈现出大周期规律。美国和中国正在自己的周期当中，现在美国依然是最强大的国家，但有衰落迹象，而中国正在高速发展。

2022 年 5 月 10 日，加密市场大幅下跌，UST 跌至 0.62 美元，

---

① https://www.chandlernguyen.com/blog/2020/04/14/the-changing-world-order-ray-dalios-insights-about-what-to-come-in-the-next-5-30-or-50-years/.

严重脱锚，Luna 在 24 小时跌幅超过 60%，跌至 27 美元。Luna 是 Terra 区块链的原生代币，Terra 生态运作采用了双 Token 机制：Luna，管理、质押和验证的 Token；UST，原生美元挂钩的稳定币。用户被激励进行套利，从而协助坚持 UST 与美元的挂钩，这种双 Token 套利的安稳币规划与典型的超额抵押要求，在加密商场遭受剧烈动摇时，极易产生的惨烈大规模清算事件。卡尔加里大学法学教授 Ryan Clements 曾经表示，Terra 的增长很可能是"不可持续的"，他在一篇研究论文中称所有算法稳定币都是"天然不稳定的"。

我们要认识到，在技术快速发展的历史趋势之下，本质的规律依然是自我肯定需求，每人都会高估自己的贡献，高估自己的重要性，而且希望得到更多回报，那么还是会导致信用膨胀，如果过度膨胀还是会导致崩溃。因为人们的预期会不停增长，但实际的财富不会增长那么快，泡沫总有一天会破掉。因此，未来货币就必须要解决我们上面最后说到的问题：构建一个基于区块链技术的解决方案。未来的数字货币应该具有几个特征。

第一个特征是未来的数字货币更多的不是以实物实际的价值来做抵押，而是更多偏向于交易者的信用本身，也就是以信用为基础的货币。信用与用户历时性的记录有关。

第二个特征是必然需要有一定的通货膨胀，这样才更健康、更可持续。比如工资幻觉，一般企业每年都会有 1—2 次的调薪，上涨全员的工资，增加工资很容易，但是减工资很难，而且对被减薪的人来说伤害很大，前景理论阐述的也是类似认知，所以公司要保持一定的幻觉，让员工觉得工资在涨，满足自我肯定需求，但实际上通货膨胀率可能会抵消一部分。适度的持续上涨和通货膨胀能够在系统稳健和让员工保持一定的正向认知中维持一种平衡。

第三个特征是未来货币应该是多币种，而且是一个廉价货币时代。现在的趋势是，日本曾经是低利率负利率很长时间，现在欧洲已经负利率，而且美国也是朝那个方向走。为什么要强调多币种？假如说都在同一个价值尺度上，是比较难以满足所有人的自我肯定需求的。社会提供诸多价值体系，每个人才可能选择到最适合自己的价值体系，在该价值体系里有上升的空间。比如说有人炒鞋，不一定很理性，但体现了收藏和兴趣，比银行里的一串数字更能满足自我肯定需求。人们的认知水平是不一样的，我们必须承认这一点，而且随着 AI 技术的进步，这一点显得更加清楚。未来我们是要不同币种来反映不同的价值体系。目前我们也能看到新的币种，比如在美国，用食物券可以到超市去买食物或日用品，但是不能拿去投资或者购买奢侈品之类，这实际上就是一个新的币种。比如目前中国有定向降准、产业政策的倾斜等等，未来都可以通过不同的币种来实现。

第四个特征是需要财富流向底层的机制。因为有自我肯定需求，人们会趋利避害，财富一定是向少数人流动并集中，这也是必然会产生的。如果希望系统稳定、可持续的时间长，就必须有人为机制将一部分财富流向底层，才可能有源源不断的财富流转，系统才有生命力。那么货币当局就要让财富有返回到底层的机制，不然向上流动太快，就更容易崩溃。在现代制度里，比如在西方个人可以申请破产、食物券,这是一种财富向底层流动的补偿方式。在中国,比如二次支付、二次分配、三次分配或者转移支付,这些也是财富向底层流动的补偿方式。我们曾经也建议给低收入家庭每人发 1000 元,也是试图为底层注入财富。[①] 一个好的制度是要保持系统的稳健发展,不能充斥太多泡沫,而是让社会的动力有序、慢慢释放,这样的情况下维持的时间才能更长。从这个角度也能说明税收的重要性,在现实世界中税收是减小贫富差异的一种方式,在元宇宙中,可能需要类似向底层空投等更高效的直升机撒钱机制,让财富能快速抵达底层。

在最近的全球事件中,我们可以越发清晰地感知到稳定货币的知易行难,即使是实力强大的国家,其(外币)资产依然有被冻结的风险。美元依然是目前占主导地位的世界货币,换言之是一种中心化的世界货币结构,这种结构并不稳定。理论上说,未来应当向着更分布式的方式演化,也就是国与国之间从中心化世界货币的交易方式逐渐转向本币交易。

三、数字银行的架构

在国家内部层面,我们建议可以采用以通证(数字凭证)为核心

---

① 蔡恒进:《以升值红利支撑全民千元提案》,《新京报》2008 年 2 月 26 日;蔡恒进、曹晓丽、黄政:《为全民建立社会保障个人账户——人民币升值红利的再分配》,《经济社会体制比较》2008 年总第 135 期。

的（Token based）记账模型来开发数字货币体系。通证模型的记账方式是我们在分析了比特币的 UTXO 和以太坊的账户模型之后提出的一个新的记账方式。它具有很好的特性，天生支持并行，因为关注的是数字凭证的所有权，所以只要签上谁的名字就属于谁，而不是关注两个账户之间的动作。另外，通证模型中的每个 token 都有 ID，如果涉及盗窃或者 51% 攻击，配合一定的治理机制则可以有效防止此类双花问题。

我们认为，基于通证记账模型的区块链系统可以用来实现一种监管友好的数字货币银行架构，主要分为两大部分，如图 7-3 所示。

一是 M0 发行方。由央行的多个中心和央行邀请的协从节点组成的联盟，央行的中心可以是北京、上海、深圳、贵阳、武汉等全国地理位置上的分布式中心，央行还可以邀请其他银行（如五大行甚至海外银行）和科技企业（如电信、华为等）进入 M0 发行方的联盟，联盟内部达成共识即可发币。地理及网络上的分布式结构，使得系统中即便有部分中心被攻击或毁坏，整个 M0 联盟的工作也能正常运行。

二是其他商业银行。商业银行与 M0 发行方进行交互，各商业银行可划分为总行、分行、支行不同级别，每一层都可以是一对多的关系，即一家总行下属有多家分行，一家分行下属有多家支行。

Token-based 记账模型直截了当得多，该技术完全由中国技术团队自主研发，已经十分成熟，并且已经被应用于某公链底层实现中，主网上线实测 TPS 在 10000 以上，除了高并发，还具有监管友好、

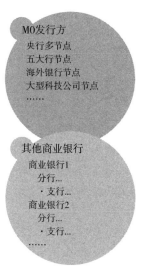

图 7-3　数字货币银行架构

高安全性的突出特点，是开发未来世界数字货币体系时值得优先考虑的基础架构。

　　在此基础上，应当优先推进探索"央行数码货币"（CBDC）零售层面的应用场景和跨境机构使用的"多边央行数码货币桥"（mBridge）。mBridge 本身是香港金管局、泰国央行以及中国央行数字货币研究所、阿联酋央行合作的研究项目，主要目的是实现基于 CBDC 的跨境支付。我们认为，这一项目如果能够和区块链结合起来，将能够更好地实现其健壮性和可扩展性，从而更快地达到其取代 SWIFT，优化跨境支付效率的问题。

　　习近平总书记的重要讲话引起了全民讨论区块链的热潮，国家成立了国家数字经济创新发展试验区，发改委负责人指出建设重点推动"四个新"：激活新要素，探索数据生产要素高效配置机制；培育新动能，着力壮大数字经济生产力，促进互联网、大数据、人工智能与实体经济深度融合；探索新治理，构建数字经济新型生产关系；建设新设施，不断强化数字经济发展基础。

我们应当大力发展的区块链技术及其应用落地包括几个方面。第一，是提供数据共享的技术手段，在数据共享的同时能够结合隐私保护能力，这是区块链技术特有的优势。第二，是发展可信体系的基础设施，这也是我们说的"区块链＋"的含义。社会信用体系建设、企业间电子商务以及金融服务等领域的需求并没有在互联网时代充分得到满足，而区块链能够提供数字身份和数据签名／加密的技术，就可能推动信息基础设施向可信体系基础设施的演进。第三，是通过区块链技术提升协作效率的模式，这也依赖于共享和可信，能够迅速确认合作方的身份和数据真实性，大幅度降低整个社会的交易成本和市场摩擦。第四，是在资产的生成、管理、转移、交易的方面运用，采取鲜明的支持态度，例如人民币数字化等要统一规划部署、统一实施。

"一带一路"倡议促进了我国与多国之间的政治互信和经济融合，数字货币与电子支付（DC/EP）给当下复杂的国际经济形势加入了新的影响因素。传统的电子支付模式已经无法满足大众需求，数字货币结合了区块链的技术优势，能提高支付效率并降低成本，符合各类应用场景的需求。未来货币应该具有的四个特征：以信用为基础、有一定的通货膨胀、具备使财富向底层流动的机制以及多币

种构成。由此看来,数字货币项目短期内虽然势头良好,但未来能否作为世界货币流通还有待考证。基于以上背景,我国可以把握历史机遇推行面向未来的数字货币,进一步推动"一带一路"发展,为"一带一路"的数字化建设赋能,并在这场全球的重构与竞争中占据上风。

各国家中央银行可以发行一种与一篮子大宗商品挂钩的支付货币用于国际支付。每个国家根据该国在海外可以做抵押的大宗商品来计算发行量。比如 A 国有已购买的大宗商品在 B 国,A 国据此发行数字凭证或 token 而 B 国可以替 A 国背书因为 B 国可以随时对这些大宗商品做认证。两两国家之间的这种信任可以传递。B 国为 A 国背书,如果 C 国信任 B 国,那么 C 国可能也愿意用 A 国发行的支付货币。当然,在国际关系紧张的时候,信任的传递能力会弱一些。全球中央银行之间以这种方式生成的与大宗商品挂钩的全球稳定币具有分布式的特征,有望破解蒙代尔 (Robert A. Mundell)"不可能三角"[①] 难题,这也只有在应用区块链技术的条件下才有可能。

---

① 不可能三角(Impossible Trinity)是指经济社会和财政金融政策目标选择面临诸多困境,难以同时获得三个方面的目标。在金融政策方面,资本自由流动、固定汇率和货币政策独立性三者也不可能兼得。

—— 第八章 ——

负责任的元宇宙

一、财富流向底层缓解两极分化

第一个问题是财富的两极分化,这也是现实世界存在的治理难题。当人类意识活动迁移到元宇宙中,这一难题并不会因为Web 3.0、区块链等技术的发展与实施而消失,相反地,由于元宇宙的早期建设者、参与者大多数是中产、社会精英,构建的元宇宙很可能更多地代表所在集团的利益,即使Web 3.0能让用户拥有自身数据的所有权,但依然有可能被利益集团利用。利益集团可以利用自身认知优势,通过数据使用欺诈等方式获得用户数据使用权,剥削底层用户利益。这样一来,在缺乏中心化监管的元宇宙中,两极分化的情形究竟会得以缓解还是愈演愈烈,大家心中了然。因此,元宇宙的治理必须对两极分化采取有效的应对措施,如果放任不管,元宇宙的崩塌将比崛起更迅猛,中西方历史的流转已然为我们提供了线索。

中国历史上的准周期规律[①],西方财富与科技中心迁移流转的

[①] 东西方的发展都存在准周期的规律。汉朝约400年,宋朝约300年。我们可以发现隋唐、秦汉都是前一段很短、后一段较长的模式,其中从三国到南北朝这一段是比较特别的、支离的时期,但总体的准周期规律依然明显。

规律①,这些宏观现象用理性经济人、利益最大化、自私基因等西方思想的底层架构无法推演解释。不管是西方历史兴衰还是中国王朝的更替,我们都可以在自我肯定需求的框架下面解释。很多人都低估了中国近现代对世界的作用,曾有人梳理了近几百年来世界各国的发明,中国似乎数不上几项,但一个国家的能量与贡献从这种维度评估并不准确。重要的是中国作为整个世界发展重要的文明基石,在全球化的大背景下提供了大人口基数下自我肯定需求满足的空间。

一个国家或者朝代要维持300年的鼎盛发展是很难的。葡萄牙、西班牙的强盛时期大概100年;荷兰统治还不到100年;英国站上历史舞台的时间约为英西大海战,从光荣革命开始引领西方到第二次世界大战结束,鼎盛期也不过300年;美国从1776年建国至今都不到300年。这背后的根本原因就在于自我肯定需求的作用。

对于一个维持较长的王朝或中心而言（比如300年）,如果利益群体的获利年增长为3.6%②,根据爱因斯坦七二法则③,利益集团的

---

① 西方的发展历史也有类似规律,只不过体现为财富中心在不同国家之间的流转。比较早的时期,葡萄牙和西班牙共治地球,西班牙负责西半球的治理,葡萄牙则负责东半球,随后进入了荷兰的统治时期,接下来到了英国的迅速发展与统治,再后来美国占据了世界发展的主导权。

② 从西方的发展来看,资产价值的增长速率高于GDP的增长速率,西方近百年的GDP（底层普通百姓）平均增长率约2.2%,美国金融资产（中间层代理）的价值增长率达到了约10%。我们假定在一些农业社会中,权利扩张没有那么快,此处就假定中间层代理人的财富增长速度是底层的2倍。

③ "七二法则"是复利计算方法,如果一笔投资不拿回利息保持利滚利,那么本金增值一倍所需的时间为72除以该投资年均回报率的商数。

财富每 20 年就会翻一番,那么在 300 年的时间里,利益集团的财富将增至开始时的约 32000 倍 (2^{15})。历史上的社会阶层可以大致分为三类:顶层是最高统治者或者联邦政府;中间层是以达官权贵为首的组织或利益群体,他们是治理国家的代理人;底层是普罗大众。利益群体的利益激增,实际上意味着顶层利益的大幅削减,到了周期末期,顶层实际可支配的资源所剩无几,又没有足够的外部资源填补自我肯定需求产生的社会缺口,内忧外患就容易导致中心地位的出让或王朝的崩溃。

用自我肯定需求去看国家的兴衰和中心的转移,很多事件就变得非常清晰。很多人将文明兴衰与文化、制度、宗教信仰关联在一起,但实际上,文化制度这些是"果"而不是"因",国家资源或流转的财富能否满足人们的自我肯定需求才是关键。只有在财富涌现时、在外部资源充足时,文化制度等创新才有可能发挥效用。假如百姓都食不果腹,大家就没有多余精力去欣赏文化制度等创新。

汤浅现象[①] 表明,科技中心的转移与财富中心的转移往往在时空上并不同步,而是稍有滞后,说明先要有财富的聚集,而后才有创新创造的涌现。科技中心从意大利转到英国,随着科技革命的影响,再转移到法国,随后是以化工闻名的德国,再转移到美国。科技中心也往往不会长期维持。一个科技中心的兴起通常是,已经积累了财富,又看到前一个科技中心的先进技术,在自我肯定需求的作用

---

① 汤浅现象是近代以来科学活动中心在世界范围内周期性转移的现象,由日本科学史学者汤浅光朝在 1962 年提出。

下，产生了对先进技术"为我所用"的想法，产生了模仿乃至超越的需求，进而大量投入，就容易崭露头角取而代之。但当科技中心发展到了第二代、第三代，就开始逐渐划分派系，在科研体系中能够得到提拔晋升的都是派系内顺从规则的人，科研变得有利可图，部分科研人员就容易出现动机不纯，整体的创新性自然变差，而在新地方，他们的科研创新动机就会更纯粹，科研人员发自内心觉得科研有趣，专注于技术突破而心无旁骛，就可能形成下一个科技中心。

即便是美国，现在同时作为财富中心与科技中心，但实际上1894 年美国的工业总产值（准 GDP）就已经超过英国，积累了大量财富；科技中心是 1920 年后转移到美国的，依然是晚于财富中心的转移。当然，科技也进一步巩固了美国财富的积累，电力、钢铁、汽车和石油等形式的财富大量涌现。

2007 年国际金融危机由美国次贷危机的产生而诱发，次贷危机最直接表现为民众过度透支未来的收入进行消费，而透支过度，民众的实际收入不足以支付其背负的庞大债务，由金融系统放大，导致突然断裂，社会再生产环节难以进行，经济运行陷入危机之中。

危机爆发的直接原因是过度透支，而过度透支的根本原因是社会自我肯定需求过剩。当学习与科技创新、外部财富获取都无法满足快速增长的自我肯定需求时，人们选择透支未来这种方式，随着透支的程度越来越大，逐渐超出合理范围，经济泡沫便产生了。然而虽然未来是无限的，但是透支却不可能是无止境的，经济泡沫终将破灭，带来的结果就是社会交换无法正常进行，个人资产受到侵害,实体经济受到巨大损害。在寻求金融危机解决方案时,思路要回归到其根本原因——自我肯定需求之上。通过满足社会自我肯定需求来增进民众的幸福感,引导社会自我肯定需求的合理增长,维护社会的稳定与发展。

要满足社会的自我肯定需求,那么未来的世界货币就不可能将利益与责任剥离开来,而必须能够通过政府(或者央行等机构)进行兜底,这也是中央银行的责任与担当。自我肯定需求是人类的基本属性,人性如此,人类有认知差序格局,长此以往必定两极分化。历史周期、财富中心流转,这些规律都告诉我们,到一定程度就会需要重构(崩溃后的再出发),但在重构之前,还会经历诸多起伏,这些起伏波折就需要被兜底。

在货币发展历程中,一开始市场交易者都希望用足额的等价物抵押,比如金子或者银子或者是实物资产来做抵押,即足额抵押。但是交易者会逐渐发现足额抵押的状况很难维持,这背后就是自我肯定需求在起作用。因为大家都有对更多财富的追求,不可避免地会产生通过差价来寻租的需求。而这种方式一旦被大规模采用,足额抵押逐渐失去意义。因此,在社会需求下,信用货币本身不可避免。

随着时间的推移和技术手段的强大,如果我们可以对信用的一些特征有更好的认知,那么未来世界货币更多的不只是以实物实际的财富来做抵押,而是更偏向于信用的新形态本身。

我们现在的区块链和人工智能技术实际上已经为元宇宙中的基

础数字货币提供了技术基础，也因而会有更多的可能。在这个趋势之下，我们也要看到本质的规律：由于自我肯定需求的持续作用，每人都会高估自己的贡献，高估自己的重要性，而且希望在这个基础上还要多占一份。换言之，每个人对自己的信用默认是高估的。这其实会导致信用的膨胀，如果过度膨胀，最终还是会导致崩溃性事件发生。

数字货币与自我肯定需求理论的一个结合点就在于，可以用来作为一种新的透支未来的方式来满足用户的自我肯定需求。我们已经讨论过未来的数字货币的特征之一是具有财富流向底层的机制。

未来发展到元宇宙中，资源的涌现与流转可能达到前所未有的速度，中心、亚中心的崛起、崩溃、迭代之进程也将加速。如果没有底层的坚实支撑，上层很容易崩溃，因此应对贫富两极分化的一项重要方式就是提供财富向底层流动的机制。

财富向底层注入，是缓解产能过剩、提高民众存在感的现阶段必要手段。人类未来的经济系统，将由生产型经济向体验式经济进化，这使得人类个体能够在更多的维度找到自我的价值。每一个维度上仍将出现弛豫时间，在元宇宙中，我们通过区块链、AI 等信息技术手段，愿景、知识、审美的创造者和支持者将同时获得价值的双向回馈。

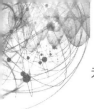

二、可追溯机制遏制不实信息和谬误的传播

笔者关注的第二个元宇宙治理问题是交互与信息传播的治理，尤其是及时遏制不实信息和谬误的传播与爆发。这类社会治理的难点在于，早期就要进行准确预测的困难极大，不仅涉及的数据类型和时间跨度可能非常大，更是由于此类事件具有不可计算性，很难通过以往的经验总结出规律。一般来说，只有具有弥散性的常规事件才具有可被统计的计算意义。比如，一个人的行为可以导致长尾分布，假定有不同的交易者，有人是价值投资，有人是跟风，就不难发现，如果提供一个高斯分布的刺激，市场价格的分布也会遵循长尾分布。社会行为中人的自由意志和主观意志能够产生影响，而且这种影响在一定范围内是不可计算的，这就是因为生命体具有爆发的特性 (bursting nature)。总的来讲，由于人类的价值体系和行为方式具有多样性、弥散性，人的社会行为在统计学上大多是可以计算的，但社会行为中，由人的自由意志、外部环境急剧变化导致的爆发性是不可计算的。

我们需要采用数字凭证 (Token) 激励的方式，让元宇宙中认知能力强的人、对问题真正有研究的人得到实质性的鼓励。造谣的人、跟风传谣的人，因为把数字凭证投给了错误的言论，支付的这些数字凭证就成为造谣传谣的代价，这些代价最终会转移到判断正确的人手中。

虽然目前我们还没有万无一失的方案，但这种 A+B（AI+Blockchain，即人工智能技术融合区块链技术）的设计能够利用通证做到在复杂系统中进行正向激励，并且根据区块链的存证特性，我们也可以在事后追溯，对判断正确的人进行额外奖励，对恶意煽动的人进行惩罚，而元宇宙恰好提供了可以验证的环境。我们可以让所有相关者参与进来，将他们的观点、数据都上链，并提供相应的通证激励作为驱动，这样就不容易漏掉重要信息，有说服力的、专业的言论更容易得到传播和关注。当然，由于区块链上链数据的不可篡改特性，我们还可以事后追溯，对正确洞见的人奖励，甚至对恶意造谣传谣的人惩罚。

区块链技术允许主体或节点给出自己的判断并有所记录，能够将节点的认知能力量化。我们曾提出双重利率定价法，就是从一定程度上量化了用户的认知水平，将知识显化，旨在为普惠金融的有效实施、解决平台市场的"柠檬市场"① 问题提供一套切实可行的实践机制。双重利率定价法以票据交易为切入点，除了当前的成交价，

---

① 在美国俚语中，柠檬是指在购买后才被发现有缺陷的（二手）汽车。"柠檬市场"是经济学家、诺贝尔经济学奖得主乔治·阿克洛夫（George Akerlof，1970）在学术论文中提出的一种"劣币驱逐良币"市场现象，指在买卖双方之间存在信息不对称的情况下，拥有更少信息的买方会做出逆向选择，从而逐渐驱逐高品质汽车离开市场，而逆向选择是一种可能导致市场崩溃的市场机制，低廉的价格驱走了优质商品的卖家，市场交易的商品质量降低，只留下"柠檬"。

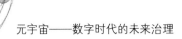

还引入认知利率,允许交易者给出一个不同的心理价格或认知价格,在认知利率和当前成交利率的双利率基础之上,结合卖家的权重系数,得出中间利率,并以此为依据,在票据的生命周期结束后,根据承兑结果,对诚信的、认知水平较高的历史卖家进行补偿,这一方法通过尊重主体的认知能力的方式来改善认知不对称的状况。

在未来的世界中,共识是价值产生的终极方式。这在元宇宙世界中尤为成立,一切经济行为都和价格紧密相关,价格的背后实际上是对标的物的价值判断。针对信息交互的治理,我们利用存证技术和通证技术,通过投票、点赞机制可以规避造谣传谣,还可以来发现潜在价值,助力构建元宇宙可持续的健康生态。

三、构建有前瞻性的健康生态

如何构建可持续的健康生态是我们关注的第三个元宇宙治理问题。在应对第一个问题即两极分化的问题时,笔者主张利用通证等技术实施流向底层的财富机制,可看作财富流转层面的可持续性,此外还有更为宏观的健康生态可持续性。在机器不断突破专业领域、在资源不断消耗的背景下,我们如何在元宇宙文明中继续维持和发展人类文明,如何引领人类走向可持续的未来,是发展元宇宙必须考虑的重要问题。

区块链现行的共识机制仍然以工作量证明(PoW)和权益证明

（PoS）为主，前者算力为王，但资源耗费大、效率低、有51%攻击的威胁，并不适用于支持元宇宙的自由交互，后者权益为王，财富多的人掌握话语权，但财富的积累反映的是过去的成功，我们倾向于看重元宇宙参与者对未来的判断力，积极挖掘潜在价值，这样更有利于元宇宙的可持续性。

以太坊创始人布特林（Vitalik Buterin）断言未来是多链融合，而非跨链至上。这将是我们身边最有可能发生的超越，也有可能预示着未来元宇宙发展的方向。在大同之中存在很多细分的元宇宙，相当于每一个行业或者一个细分市场，就有一个元宇宙，比如会产生围绕教育主题的元宇宙、医疗的元宇宙、半导体的元宇宙、油画的元宇宙、宋词的元宇宙等。未来元宇宙中必然出现新场景，会创造新需求，自然会催生新巨头，这些未来元宇宙的巨头们现在很可能还没诞生，也并不一定是已经成功的传统巨头或者互联网巨头的分身。

我们鼓励通过人机节点参与的点赞投票机制，根据节点是否有前瞻性的投票来产生元宇宙的中心、亚中心。实际上在未来的元宇宙中，理论上所有参与者都能赚得利益，这其中又能大致分成两类。第一类就是够成为核心团队成员，实际参与直接的创新创造，比如有技术的人、有市场能力的人等，都可能作为核心团队，把一个项目推向成功，然后主导价值，这是第一类能得利的方式。

另外一类就是普通参与者，大家通过支持项目也能获得收益。如果项目发展得顺利，在项目的支持者中，支持时间越早的节点，最终能够分得的奖励越高。我们可以引入节点的信誉度（或者认知力）

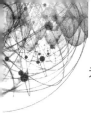

的概念，并对节点进行量化评估，作为节点可信度和认知能力的重要依据。一方面当然还是根据节点自身的历史记录来评估节点信誉度，是否诚信，是否有不良记录。另一方面就是体现节点的认知能力如何，不仅是看回报，而是看有态度的回报。比如点赞者常常能看准确切的技术方向，避开其他技术雷坑，其信誉度就比乱点赞一通的节点更高，而总是在权威节点点赞之前就支持的点赞者，其信誉度也能得到提升。

现在 The Sandbox、Decentraland 等很多元宇宙房产的爆发，也就是在虚拟世界中买卖房屋土地等，都算是元宇宙概念的成功尝试，当然这种成功更多的是商业角度的成功，以及教育市场、教育用户意义上的成功。我们需要清楚的是，在数字世界里，空间是可以无限延伸的，某种程度上说空间是可以没有限制的，而不像在现实世界里的实体空间有排他性，那么在数字空间里卖地卖房子，追求的价值不再是空间的稀有，更多的可能是个性化态度的表达。

不同于经典物理世界的定域性，生命具有对时空的脱域①性（disembedding in space and time）。脱域性不仅仅存在于复杂的生命体，单细胞生命从能进行自我优化开始，就具有脱域的特征，体现出主体性和与环境的交互。因此生命个体能进行自我优化是一个核心

---

① "脱域"由安东尼·吉登斯提出，意指社会关系从彼此互动的地域性关联中、从通过对不确定的时间的无限穿越而被重构的关联中脱离出来。我们讨论的脱域是指生命体能够在一定程度上脱离具体物理时空的限制，得以向外延伸与迁移，体现出超越时空的特性。（参见安东尼·吉登斯：《现代性的后果》，译林出版社 2000 年版）

点。而这种优化会偏向整体反应、长时间的生存优势，所以能慢慢超越时空（脱域），形成对环境的统摄力。

偏向长时间的生存优势，也可以看成是自然选择。因为生命体要缓解压力，就会指向这个方向，而那些没有偏向长期生存的个体最终都会被筛选掉。从外部看，个体这个偏向过程实际上有较强的主体性。因为生命体选择不对局部的、某一个时空点的事件做反应，而是更倾向于对大范围的、有长时间效应的事件做反应，这也是生命体看起来能够统摄环境的原因。从进化意义上来讲，生命一旦产生，就开始脱域了，也就是要摆脱当下物理条件的束缚，试图跟物理世界开始分离。

发展到元宇宙，实际上人类的脱域会更进一步，我们是要在这里体验以前不能体验的东西，的确是有些超越时空的东西是以前体验不到的，但也不是以前绝对没有的。比如说时空倒错交错的场景，在梦想里、小说里都曾经出现，实际上人们一直都在设想这些场景，只不过以前，我们更多只能把它当成一种缺乏体验的虚构的东西。一个理论体系或者信仰体系，对人的影响是也是很真实的（genuine），也不比物质上的对物理世界的影响弱。虚构的东西虽然也能通过小说、电影对人们产生影响，但在元宇宙里，这些影响变成可以感知的体验，对人们的影响会更加直接、更加强烈，只是说在元宇宙，这些可能影响能进一步强化。

但是我们应当朝哪个方向来强化？可能是元宇宙中各个节点共同朝前推的结果。个体的作用从我们每个人建立什么样的数据本体

这里就开始了,在数据本体上,这些积累的智能活动、意识活动,作为第二第三层的隐身内容与影响就逐渐凸显出来,是这些内容在指引我们向前发展。

延伸的推进,也意味着人类脱域程度加深。在元宇宙的加持下,人类脱域可以更进一步。通过各种技术营造新的体验,可以更具象,也可以更抽象,去延伸自我,丰富意识世界。与此同时,我们也不会脱离、也脱离不了物理世界,物理世界对人类生命而言是美好的、不可取代的存在。

有学者觉得我们要等 50 年,可能要等到量子计算机应用普及,才能在元宇宙里实现所有的事情。这就是另外一个蓝图,不能说绝对的对与错,但至少不是我们理解的图景。我们认为的元宇宙是一个超级智能,这个超级智能不仅能进行强大的计算,而且具备意识、自我意识,能够感知内部主体之间的张力。

我们可以把元宇宙看作对原来现实世界的一个超越,虽然元宇宙并不能完全独立存在,但可以为我们提供想象的空间和试验的场景,成为我们希望实现的景象。在元宇宙里我们能够轻松地超越时空,元宇宙的非线性编辑能力,是以后会被充分运用的特点。

在元宇宙里,时间空间不会像我们在物理时空里有诸多限制,元宇宙中数据具有可追溯性,让我们能够回到过去,也能让我们构建未来,而数字空间理论上可以无限扩展,突破地域约束,甚至不用遵循物理规律。比如我们在元宇宙中完全可以设计呈现出地下一百层的大楼,又或者重力为负数的星球。

对过去的追溯回忆，对未来的憧憬预期，都能在元宇宙的场景中与现实融合在一起，潜在的未来价值能在当前变现。因此，NFT、数字藏品等项目疯狂价格的背后，是Z世代为代表的一类用户对元宇宙未来价值的肯定，每个参与者都能以其中的NFT为起点，通过交互与创新，创造出更多自身价值。因此这些昂贵的NFT并不只是单纯的图像藏品，而是进入和参与元宇宙的开端，就像是历史上的族徽、商标这类身份的象征（logo），图案背后承载的是各种交互的无限可能。相比其他不知名的NFT，一个无聊猿NFT更加容易获得青睐与机会，随着交互的加深，价值进一步积累，这个NFT背后承载的潜力将远超看似高企的价格。

元宇宙的文明属性带来的数字经济体量可能是物质生产的十倍甚至百倍。这与从石油工业时代到钢铁工业时代直至更替到互联网工业时代的道理相通，只不过从"眼球经济"到"数字经济"的跳跃会更大一些，前者是抓住人的"注意力"，而后者要抓住人的"意向"，要让人产生印象、引起共鸣。元宇宙一开始的切入点可以很细微，但却能不断演进扩大，其中每个子社区都反映了某种"意向"，是一个很小范围的共识，治理相对简单，彼此之间又能有机结合，互相支持、互相发挥其功能的，在相互配合下形成元宇宙，实现更大范围的共识。

元宇宙的进展值得重视，它不会取代现实的物理宇宙，而是能丰富我们的意识世界。随着元宇宙技术的不断发展，未来人们依然生活在真实的物理世界，又可以在元宇宙中延伸自己的意识，这

类延伸侧重基于代入感的场景，让人更自由地交互，而非追求沉浸体验。因为模拟、优化的程度再高，元宇宙中也难以存在一个完整的自己，因此我们实际上需要的是各个侧面的分身（不是化身或孪生），在特定场景强调某些侧面，通过对应的分身来帮我们延伸并完成交互，创造更多价值。

四、塑造正向激励的元宇宙伦理

如何塑造元宇宙伦理也是元宇宙治理中不可或缺的重要问题。元宇宙文明中，人机智能的融合意味着伦理问题的新挑战。元宇宙中的参与者之间有不一致、矛盾甚至冲突，就会有张力，这种张力是作为最重要参与者（人类）带进元宇宙的社会属性。元宇宙背后有人工智能技术与区块链技术，元宇宙的伦理自然而然涉及人机伦理问题。

汉斯·约纳斯（Hans Jonas）早在《责任原理》（*Das Prinzip Verantwortung*）中就明确提出，科技进步远远高于伦理进步，必须建立一种新的伦理维度，即发展一种预防性、前瞻性的责任意识，通过提高设计主体的责任来约束与规范人工智能技术发展。[①] 机器伦理学家阿萨罗（Asaro）在智能机器伦理中提到："首先，如何设计机器

---

① Hans Jonas, *Das Prinzip Verantwortung. Versuch einer Ethik für die technologische Zivilisation*. Frankfurt a. M. 1979.

人的行为伦理；其次，人类如何在人工智能伦理中承担责任；再次，从理论上讲，机器人能成为完全的道德主体吗？"[1] 劳伦斯·莱斯格 (Lawrence Lessig) 直言新技术与规范之间在本质论层面产生了紧张关系，认为任何技术的规制路径都应当包含市场、架构、社会规范和法律四个维度，人工智能所特有的国家、社会、商业、伦理纵横交错的复杂利益关系导致其安全问题不断复杂化。[2] 翟振明提出："在人工智能的忧虑中，最为值得关切的是人工智能的应用伦理及其价值植入的技术限度。"[3] 肖峰则从人工体能与人工智能相比较的角度，分析两者的特殊属性与社会效应，并"相信人也必定会以更高的智商和情商来寻求如何在人工智能全盛的时代为自己的智能活动留下地，而不至于一切都交由机器人去代理我们"。[4]

区块链技术具有不可篡改的特性，我们可以对用户行为记录在案，就有可能对我们的伦理价值产生一些影响。假如我们要表扬一种好的行为或者是惩罚一种坏的行为，好的行为就可能会被人利用来做投机，通过作秀得到好处，这样社会风气就容易变得虚伪，一些开始非常好的事情到最后就变质了。如果有区块链技术的支持，由于所有数据不可更改，那么要表扬好的行为就不用在事前声明，而

---

[1]　ASARO P M, "What should we want from a robot ethics?", *International Review of Information Ethics*, 2006, 6（12）: 9–16.

[2]　Lawrence Lessig, *Code: version 2.0*, Basic Books, 2006.

[3]　翟振明、彭晓芸：《"强人工智能"将如何改变世界——人工智能的技术飞跃与应用伦理前瞻》，《人民论坛·学术前沿》2016 年第 7 期。

[4]　肖峰：《人工智能与人工体能的哲学比较》，《思想理论教育》2019 年第 4 期。

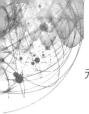

是事后的某个阶段执行, 比如发现在某段时间内扶老人过马路的行为很少, 我们就专门奖励这段时间内扶老人过马路的行为, 投机作秀就很难在这里起作用。

康德所代表的义务传统① 和边沁② (Bentham)、穆勒③ (Mill) 所代表的功利主义传统根本上都主张人类道德生活和政治生活 (以及相应的道德规范和政治规范) 需要满足 "透明性要求" 和 "公共性要求", 即现代道德和政治活动的规范必须符合公开声明或公共辩护的基本要求。在西方现代伦理学中, "义务论" 与 "功利主义" 在表面相斥, 义务论认为人必须按照某种绝对的正当性行动, 而功利主义认为行为的后果才是真正的行为评判标准。道德形而上学在实践性中的困境是否能够与功利主义通过一座开放透明可回溯可约束又能够快速达成普遍共识的桥梁进行弥合? 人类的这一世开显出的以区块链技术为起点的人机融合的时代, 能够带来新的希望。

元宇宙中, 各节点能够安全有效地协作都需要依赖于协作机制提供主体数据的存证与维护。不论节点背后对应的是个人、组织还是企业, 他们都必须通过各自的 ID 进入元宇宙进行交互, ID 所对应的所有交互记录将被存证且不可更改, 有了这些可以追溯的存证才能证明各节点的可信度, 即便不同主体之间是初次协作, 也能借助这些历时性数据判断协作者是否值得信任、是否有达成局部共识

---

① 伊曼努尔·康德:《道德形而上学原理》, 上海人民出版社 2012 年版。

② 杰里米·边沁:《道德与立法原理导论》, 商务印书馆 2011 年版。

③ 约翰·穆勒:《功利主义》, 商务印书馆 1957 年版。

的可能。

区块链技术的存证功能，即一旦上链了就不可以更改这一点，对元宇宙伦理是至关重要的。这个看起来很小的点，一旦变成元宇宙中的必需，就会影响所有参与者的行为。不但可以说清楚因果，甚至能够追溯清楚因为何物、果因何起。可以通过智能算法分析不可篡改的主体 / 节点历时性存证数据，从不同程度上反映出节点的认知水平，区块链技术的引入能够引导各个节点对自己的行为数据负责，也能让我们从多个角度观测系统整体、局部或个体的共识与认知情形。

但是，在我们的技术图景中，并非所有的事物都需要上链记录。链上数据的重要性不是体现在其无所不包，而是有则完备。当我们在某个时候需要证明自己是好人、做事靠谱的时候，我们自己自然会需要这些记录。我们自己会去判断一个 ID 背后是一个什么样的人，看历史上是怎么做事的，如果都是靠谱的，那么别人更愿意相信他作恶的可能性很小。

有一个问题是，区块链的数据是上链之后不能被篡改，但是如果一开始记录的数据就是假的呢？我们大可以假定这些上链的数据就是假数据，但随着时间推移，造假者还需要写足够多的东西，来证明之前写的数据是真的，而这后续的过程极其困难，成本可能极高，甚至得不偿失，对参与者而言，还不如一开始就如实地把真实的情况放上去，有足够长的、真实的、经得起考验的历史记录，才是有价值的。

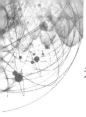

　　人类承载了几十亿年的进化过程,这些过程发生在地球环境里、已经内嵌在我们的身体结构和意识形态中,所以我们与物理世界的关系是非常契合的。在面对前所未有的状况时,在宇宙观、价值观和道德观的指导下,我们还能大概率地做出正确的反应,开显出新的认知坎陷。元宇宙不是从天上掉下来的。贝索斯曾经说过"你只能同现有的世界合作,而不是同你想要的世界合作"。元宇宙也是同理。只有和人类的进化过程结合,元宇宙的未来才更加实际。

　　机器是由人类设计的,主程序可以被看作是机器的"我",但是这个"我"很脆弱,缺少像人类自我意识对周围环境、对外部世界的统摄性力量。也就是说,机器并不具备能够统摄意识片段的自我意识,因此机器即便能够从人类习得海量的认知坎陷,也无法连续自如地对其掌控。因此,即便现在的机器某种程度上能够模仿人类,能够把接收到的意识片段全部混合起来创造出新的东西,但机器实际上还不能超越人的创造力,至少在最近的将来是如此。

　　人类是碳基生命,而机器是硅基,那么即使未来形成了某种默契,作为硅基生命体的机器所激发出来的认知坎陷,与碳基生命的人类所开显出来的认知坎陷之间很可能存在巨大的差别,或者说机器的坎陷世界是人类难以理解的。

　　在人工智能高速发展的情况下,在不远的未来我们只需要少数人来设计新的机器,让人的智能和机器的智能融为一体,共同进化变成一个更高级的智能。但这里毕竟也只是少数精英有能力处理的事情,大多数人可能无法达到这种技术或思维层次,那么对于普通人来讲，生命更深层的意义何在？

我们认为元宇宙的使命还是要回归到自我的延伸，实现自我的超越，诗意地生存。实际上人类已经有很多自我延伸方式。比如一名赛车手可以操控赛车飘移，这个时候他与赛车融为一体，他为之感到愉悦，操控赛车是对他自身的一个超越，这就是一种诗意的生存。或许未来在某种程度上，如果我们能控制机器的话，与智能系统融为一体来解决一些复杂的问题，这也就将成为我们的一个延伸，同样也是一种诗意的生存。

古人所谓的"修身齐家治国平天下"，也是按照这样一个顺序来延伸自我，修身比较容易，齐家难一些，治国难度更大，平天下是难度最高的延伸方式。这个顺序并非是完全不能跳跃的，但这是一个更自然的顺序，越是靠前的项目越适合大多数人做，那么在未来本质上还是如此。

未来，在元宇宙中，我们可用的工具更多，我们可连接的主体更多，我们可以创造的事物更多，我们可以改变的路径更多。在机器崛起的视域下，我们自我延伸的方式也更多，实现人生价值的途径也将会越来越丰富和广阔。我们应对人工智能挑战的当务之急就是要对未来要有比较准确的预期，改变人们的认知体系，以顺利过渡到新的时代。

人类生命本身就是对物理世界的一种反叛，这种反叛体现在人具有"超越性"，试图根据主观意志改造物理世界。例如，我们没有翅膀，不能像老鹰一样在天空中自由地翱翔，但却创造了宇宙飞船，将人带入太空。在飞船中，人必须依靠人工条件才能生存，比如需要有模拟地球的空气、温湿度、重力，以及从地球携带食物和饮用水等等，这些在地球上看似唾手可得甚至理所当然的条件是人类赖以生存的根本。人类作为地球的一部分，并不能自以为是地认为自己可以随意主宰地球，我们的确可以改造世界，但必须以对未来负责为前提。

我们没有办法限制机器的生产或制造，但是可以将生产过程透明化，制造者有义务对大家公开，这样就会有人注意到当事者没意识到的潜在风险并想出办法来对冲。人工智能可能会有很多不同的物种，但它们之间也可能互相竞争，抑或互相平衡，只有在这种情况下，人类才可能相对安全。另外，人与人之间通过语言能相互交流，人类就是通过语言来共同进化的。人机之间也可以如此，这可能需要区块链技术把人机链接在一起。

元宇宙本身就有可能进化成一个智能体，综合了人类的智能与道德，同时还有机器的计算能力，通过人机智能融合以建构元宇宙的"自我"模型。随着元宇宙中参与者的增多、交互行为的积累，元宇宙的"自我"随之越来越强大，坎陷世界越来越丰富，能够包含的内容也越来越多，脱域程度越来越高。成长到一定阶段，就可能实现对物理世界的统摄。

人类制造人工智能、发展区块链、迈向元宇宙，只是改造的一个开始，这种改造是否正确或善意，现在还不能下定论，如果人类不能为自己的未来负责，就很有可能摧毁自己创造的世界，甚至亲手埋葬自己的未来。人们要在元宇宙中建立何种道德体系，希望元宇宙向何种方向发展，并不由物理学决定，恰恰需要在哲学上讨论。面对哲学三大终极问题的第三个追问，人类的命运已然不能再寄托于上帝和诸神的缥缈旨意，人类要找到"如何为自己负责"的答案。

后　记

　　人类不断追求时间和空间上的超越性,从游牧文明,到农业文明,再到商业文明,以及未来的元宇宙文明,文明的脱域程度在逐渐递进。游牧文明对自然环境的依赖程度很高,其财富形式决定了财富难以长期储存。到了农业文明,粮食能贮存较长时间,扩展到劳动力也能变相存储,劳动力也可作为价值要素。到了工业商业文明,商业更多通过利差套利实现盈利,对时间、空间上的套利,这样就促进了商业文明,因为一个地方生产的商品不可能在当地全部消耗,需要运输出去,在空间上可以拓展到全球。

　　元宇宙文明需要更进一步地超越时空。我们可以把未来的内容放到现在来讨论,也可以把过去的东西拿到现在来展示,这其中穿越时空的形式可能有很多种,我们也不能定义完全,但是这个脱域的趋势是明确的。

　　元宇宙的未来应该会经历三重境界。第一重境界百花齐放(Circus),早期的元宇宙就像一个大游乐场,各种理解都会有,但假如是封闭的小圈子,无法与其他节点有效交互,也只能自己和自己玩，在元宇宙中被边缘化，一些可迁移、有生命力的社区将逐渐壮大。第二重境界诸神混战（Olympus），各种价值各种共识开始形成，成为有各个侧面的元宇宙，这时情形会变得很复杂，持续的时间尺度也会很长。第三重境界协同进化（Kettle），价值转移可以非常迅速，子系统虽然各有分工、各有侧重，参与者之间能够竞争合作，维持元宇宙的生态与秩序，最终是为了见证更大的共识。

对人类生命而言，与真实的物理世界交互，与大自然接触，从而激发出人类意识世界的美感，丰富意识世界的内容，这些是不可取代的精彩部分。而不是在数字世界中，通过给人体安装各种传感器，哪怕传感器设计得无比炫酷，一味追寻对"眼耳鼻舌身"感官上的复刻，否则元宇宙就会变成抄袭了皮毛，丢失了精髓。

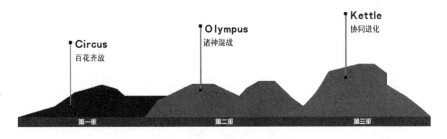

元宇宙发展的三重境界

元宇宙不会取代现实的物理宇宙，而是能丰富我们的意识世界。人体本身生存在物理世界中，需要遵循基本的物理规律。意识出现之后，人开始脱域，也就是脱离当前时间空间的束缚。比如将我们的意识变成绘画或文字，保存下来流传下去，背后的意识就完成了时空穿越。就像敦煌壁画的创作者们，他们的意识产物直到今天还在震撼我们的内心世界，而衍生出的各种文创产品，又继续实在地影响了物理世界。

在元宇宙的加持下，人类脱域可以更进一步。通过各种技术营造新的体验，可以更具象，也可以更抽象，去延伸自我，丰富意识世界。与此同时，我们也不会脱离、也脱离不了物理世界，物理世界对人类生命而言是美好的、不可取代的存在。

元宇宙为人机"共业"提供了可能空间，让我们有机会在元宇宙中率先尝试设想、推动变革。如在元宇宙的治理中，实施财富向底层流通的机制以减少贫富差异，通过存证技术与通证技术遏制不实信息，融合人机认知能力挖掘潜在价值，以及在元宇宙中塑造人机伦理规范等等。元宇宙的发展可以让我们更加尊重和珍惜物理世界。反过来，物理世界的发展又能进一步丰富我们在元宇宙中的场景，让地球"人类世"中的"自我"得到延伸、实现超越。未来的网络世界应当像费孝通所言："各美其美，美人之美，美美与共，天下大同。"未来的网络世界，需要我们建构负责任的区块链（Web3.0，元宇宙）体系，为节点打造协作环境而非恶性竞争环境。

责任编辑：洪　琼

图书在版编目（CIP）数据

元宇宙：数字时代的未来治理／蔡恒进，耿嘉伟，蔡天琪　著 . —北京：
　人民出版社，2022.7
ISBN 978 – 7 – 01 – 024789 – 2

I.①元…　II.①蔡…②耿…③蔡…　III.①信息经济　IV.① F49

中国版本图书馆 CIP 数据核字（2022）第 084553 号

元宇宙
YUANYUZHOU
——数字时代的未来治理

蔡恒进　耿嘉伟　蔡天琪　著

人民出版社 出版发行
（100706　北京市东城区隆福寺街 99 号）

环球东方（北京）印务有限公司印刷　新华书店经销

2022 年 7 月第 1 版　2022 年 7 月北京第 1 次印刷
开本：710 毫米 ×1000 毫米 1/16　印张：14.25
字数：220 千字

ISBN 978 – 7 – 01 – 024789 – 2　定价：59.00 元

邮购地址 100706　北京市东城区隆福寺街 99 号
人民东方图书销售中心　电话（010）65250042　65289539